夫婦ってなんだ?

トミヤマユキコ

YUKIKO TOMIYAMA

筑摩書房

夫婦ってなんだ？

トミヤマユキコ

筑摩書房

目次

カバーイラスト…………渡辺ペコ
本文イラスト…………草原うみ
装丁・本文レイアウト……コバヤシタケシ

1

夫婦って親友!?

いま一番おもしろくて勢いのあるコンテンツってひょっとして〝夫婦〟なのでは？　そう思いたくなるほど、夫婦の周辺が騒がしい。結婚、離婚、妊娠、出産、不倫、セックスレス、モラハラ、ＤＶ。ワイドショーやネットニュースを日夜賑わせているこれらの言葉は、すべて夫婦と紐づいている。こんなにも夫婦が注目されたことって、あったっけ？　これは夫婦復権の予兆なのか、それとも、夫婦が行き着くところまで行き着いてしまって、断末魔を叫んでいるのか……。

リアル／フィクションを横断しながら、夫婦のなんたるかを考えたい。それが本書の目的である。不倫ドラマが人気を博し、離婚率も右肩上がり。そんな「夫婦オワコンの時代」をわれわれはどう生きるべきか、ちょっと探ってみようじゃないか。

それが愛かはわからない!?

わたしは一九七九年に生まれたテレビっ子で、幼少期に『金曜日の妻たちへ』

1……………………夫婦って親友!?

（一九八三年）、思春期に『ポケベルが鳴らなくて』（一九九三年）の大流行を経験した世代だ。ちなみに、生まれて初めて買ってもらったレコードは、小林明子の「恋におちて -Fall in love-」（『金妻Ⅲ』の主題歌）である。歌の中では、ある女が既婚者とおぼしき恋人に会えない週末が辛いと訴えている。ワケあり女の切ない歌だ。そして当時のわたしは、レコードに合わせて歌いながら「夫婦が恋人時代と変わることなくずっとラブラブでいるというのは、案外難しいものなのだな〜」と思っていた。自分でも謎なのだが、不倫男に激しく同情していた。結婚の儚さにグッときていた。ワケあり女のことはわりとどうでもよかった。

夫婦がなかなかうまくいかないものらしいということは、フィクションだけでなく、自分の両親というリアルを見ても感じた。わたしの両親は決して不仲ではなかったし、不倫の気配なんて微塵もなかったけれど、彼らの関係はどう見ても夫婦ではなく、非常に仲の良い兄妹、もしくは親友だった。母がよく「お父さんのことは好きだけど、それが愛かはよくわかんない」と話していたので（正直か！）、夫婦という形にこだわることなく柔軟にやっていかないと夫婦の形は保てないものなんだな、とか思っていた。なんか、妙にものわかりのいい子どもだな……。

夫婦ってオワコン？

「夫婦は形骸化してなんぼ」という空気は、この国をうっすら覆う靄《もや》みたいなもので、決して消えることはないし、だからこそ『昼顔』（二〇一四年）とか『あなたのことはそれほど』（二〇一七年。原作コミックは二〇一〇－一七年に連載）みたいな「よろめき」ドラマが定期的に出てきては、不倫は苦くて甘い大人の嗜《たしな》みなのだとわたしたちに囁《ささや》きかけてくる。どうせ消えることのない靄ならば、フィクションの力で甘い綿菓子に変えてしまえばいい、といったところだろうか。

やはり人は諦念とともに結婚生活を続けていくしかないのか。愛妻家の物語とかほのぼのホームドラマの方がむしろあり得ないファンタジーなのか……などと思っていた矢先、ＡＫＢ48グループの選抜総選挙でＮＭＢ48の須藤凜々花《すとうりりか》が突然の結婚宣言をした（二〇一七年六月）。これにはとても驚かされた。恋愛禁止の掟を破ったことに驚いたのではない。現役の女性アイドルが世間にインパクトを与える方法として結婚を選んだことに驚いたのだ。

彼女が「初めて人を好きになりました。結婚します」と語ったことが、アイドルの生き残り戦略的に正解だったかどうかはわからない（須藤は二〇一九年一月末に芸能界を引退した）。けれど、夫婦になることが善であるという信念の表明自体は、夫婦オワコン説を真っ向から否定するようでとても興味深かった。

須藤のニュースとほぼ同時期に、市川海老蔵・麻央夫妻のニュースが大量投下されたことも、夫婦復権を印象づける効果があったように思う。伝統芸能の世界は、家（血統）のために夫婦を維持せねばならぬイメージが強いが、彼ら夫婦の間にあったのは、ピュアすぎるほどピュアな愛だった。結婚前は女優と派手に遊び回り、結婚してからも灰皿で顔面を殴られたりしていた海老蔵が、やがて妻だけを愛し、彼女を喪った悲しみにうちひしがれるようになるだなんて。そんな奇跡が現実にあるのか。あるのだ。夫婦の素晴らしさを見せつけられた。正直言って、お悔やみの気持ちよりも夫婦愛への感動が上回ってしまったくらいだ。

夫婦はオワコンなんかじゃない、わたしが勝手に諦めていただけで、もっと夫婦というものを信じるべきなんだ。海老蔵夫妻に感化されて、そんな気分が高まったものの、松居一代が現れたことで、その思いは見事にしおれた。ユーチューブを使って夫を攻撃するとは……想像の斜め上すぎる。やっぱ夫婦ってダメじゃん。うまくいかないどころか、ひとを狂わせるじゃん。大事なものを強く抱きしめすぎて粉々にしてしまうような、加減を知らない愛が恐ろしい。そういえば泰葉も、加減を知らない系だったな……元夫・春風亭小朝に放った渾身のｄｉｓ「金髪豚野郎」は記憶の中でいまも燦然と輝いている。

夫婦を信じたがっている人がいる一方で、夫婦を解体したがってる人がいる。いま、そのせめぎ合いが熱い。その熱が高まれば高まるほど、夫婦という概念は混濁し、わけがわからなくなる。既婚者だからって夫婦がわかると思わないで欲しい。わたしにはおかもっちゃんという夫がいて、結婚生活は六年目に突入しているが、夫婦の何たるかについては、いまだによくわからない。わざわざこの本を書こうと思ったのは、夫婦がわからないし、わかりたいからである。

規格外すぎる夫婦

末井昭『結婚』（平凡社、二〇一七年）は、夫婦という形を手に入れ、壊し、そして再び手に入れた男のリアルストーリーである。末井さんは『写真時代』や『パチンコ必勝ガイド』を作ったカリスマ編集者だが、どうやら社会的な成功が自尊心の向上に結びつかないタイプらしく、心を虚無に支配されては、それを埋めようとして不倫に走ってしまう。

真剣に何かに取り組んでいるときは、おそらく性欲は起きないのかもしれません。女の人にキョロキョロ目がいくようになり、みだらな思いで女の人を見るようになり、そのうち妻に内緒でコソコソ女の人と付き合うようになったの

1 ……………………… 夫婦って親友!?

は、熱中するものがなくなり、自分の中に虚無の風が吹いていたからかもしれません。

始まりはセックスでも、付き合っているうちに情も湧いてきます。そして、その相手から「わたしと結婚して」と真剣に言われたことがあります。妻と離婚する気もないのに、本当のことを言うと嫌われると思い結論を曖昧にしていたら、その人が精神を病み自殺未遂するということがありました。

妻と別れる気はないと言いながら、適当に遊ぶこともできず、不倫相手を自殺未遂にまで追い詰めてしまうのが、末井さんの不倫である。世間にはもっとカジュアルに不倫を楽しんでいるひとたちもいると思うが、彼の場合は、家の中も外もドラクエでいうところの「毒沼」状態で、動けば動くほど体力を奪われていくかのようである。

そんな末井さんは、やがて写真家の神藏美子と出会い、付き合うようになる。彼女は当時、文芸評論家・坪内祐三の妻だったから、ふたりの恋はダブル不倫なのだが、坪内さんは「美子ちゃんはアーティストなんだから好きにすればいい」とあっさり許してしまう。当たり前だが、アーティストだったら何をやってもいいわけじゃない。これは坪内さんの心が広いから許されていることだ。そして、坪内さんに許されるがまま末井さんと再婚した神藏さんも、相当スケールのでかいひとである。スケールでかいついでに言うと、神藏さんは「生まれてこのかた、お金を稼ぐために働いたことが一年半しかない」のだという。「親がお金持ちだったわけでもないので、金銭的にどうやって暮らしてきたのか不思議です」と末井さんも書いているが、ほんとに不思議。そんな人生、ふつうは無理でしょ。

なんというか、坪内・神藏夫妻の風通しの良さは異常である。カッコよすぎ。規格外の夫婦だ。それゆえ凡人が彼らのやり方を真似するのは難しそうである。末井さんの奥さんが、泣いて、縋《すが》って、離婚した後は元夫を死んだことにしていたという話の方がまだ共感できる。

新しい夫婦の形

『結婚』には、ふたつの対談が収録されていて、ひとつ目には写真家の植本一子、ふたつ目には小説家の高橋源一郎が登場するのだが、植本さん夫妻も、夫が妻の自由を最大限認めているという点において、ちょっと坪内夫妻と似ている。彼女の著書『かなわない』(タバブックス、二〇一六年)には、彼女がラッパーの夫・ＥＣＤに対して、好きな人がいることや、離婚したいと話したことが綴られている。夫に彼氏の存在を打ち明けるというのもすごいが、石田さん（ＥＣＤ）の返しも負けていない。

「好きな人とどうこうなろうとも思っていない。とにかく虚構の家族像に疲れた。一人の人間としてやり直したい。理想の家族像に近づけなかった」

「理想の家族像なんか最初から持たなければいいのに」

石田さんが植本さんとの離婚を承諾しない理由としては、ふたりの娘の存在が大きい。娘たちが状況を理解できるまでは、どんなことがあってもとりあえず夫婦でいよう、というのが石田さんの考えだ。「別れろとは言わないけど離婚は出来ない」と言って、妻の家庭外恋愛自体は容認しつつ、夫婦でい続けようとする石田さん。しかし植本さんには、それが窮屈だし息苦しい。とにかく離婚して、一人の人間になりたいとばかり考えている植本さん（精神的に追い詰められてしまってやや視野狭窄）に、とある友人がこう語りかける。「石田さんは一子ちゃんが何も失わないようにしてくれてるね」……確かに、第三者の目から見れば、石田さんは妻を束縛しているというより、傷つく人をなるべく減らして、みんなで平穏な日常を営むための道を探っているように見える。それが、一般的な夫婦の形とは違っていてもかまわない。そういう覚悟がちゃんと見える。

で、この夫婦がどうなったかというと、たくさんのいざこざがありながらも、結局植本さんが彼氏と別れ、石田さんとの結婚生活を続けることになったのだった。石田さんが病気になってからもその関係は変わらなかった。末井さんとの対談では「石田さんにちゃんと紹介できるようないい人が現れたら、紹介してみんなで仲よくできたらとは思いますね」と言っていたから、新しい恋を完全に諦めたわけではないのだろう。でも、彼女は、夫婦を解体するのではなく、新しい夫婦の形を作る方に舵を切りながら石田さんが天国に行くまでの日々を過ごした。夫婦解体ではなく、夫婦改造。これが、石田・植本夫妻の選択だったのである。

今回取り上げた夫婦に、いわゆるふつうの会社員はいない。みんなある程度自由に人生をデザインできる人たちだ。だから参考にならないと言うひともいるかもしれないが、「ある程度」自由だということは、自由にならない部分も当然あって、その部分の自由にならなさ加減は、わたしたちと変わることがないように思う。みんなの結婚、みんなどこか不自由だ。

ある夫婦は古典的とも言えるような夫婦愛を手に入れ、またある夫婦は一歩先行く夫婦像を模索する。で、バンドマンと結婚した大学教員兼ライターのわたしは、そもそも「夫婦として」という構え自体がめんどくさい。夫婦ってなんだ?

なんなんだ？　いまはまだわからない。わからないから、調べて、学んで、書いていく。これは、そういう本です。それではみなさまどうぞよろしくお願いいたします。

2

コケる夫、働く妻

いきなりだが、スタジオジブリの長編アニメーション作品に出てくる夫婦の話をしたい。どの作品もヒロインが魅力的なので、うっかりスルーしているひとが多そうだが、ジブリのアニメには夫婦もけっこう出てくる。

とはいえ、一般にジブリと言えば、やはりヒロインの成長と自立が見所だ。かわいらしくて、少し臆病で、しかしいざとなると類まれなるパワーを発揮する少女たちは、逃れられない運命を背負い、いくつもの試練を克服しながら大人になっていく。頼りなげなヒロインも、最初からわりと強そうなヒロインも、等しく逞しくなっていくのがジブリヒロインの法則。そしてこの逞しさには、腕力や権力だけでなく、世界とそこに暮らす者たちをまるごと抱きしめるかのような「愛の力」も含まれている。

ジブリのヒロインはこのような力を手にしながら決して濫用しないという意味で、たいへん模範的ないい子であり、だからこそわたしたちは幼い頃からジブリをがんがんに注入されて育つわけだが（アニメやマンガは勉強の邪魔と言いつつジブリだけは別腹指定する親や教員がいるのをみなさんもご存じだろう）、ヒロインが作中で関わることになる夫婦たちがヒロイン同様模範的ないい夫婦かというと、決してそんなことはない。むしろ、世間の考えるいい夫婦像を相対化するような夫婦が出て来ては、わたしたちに「夫婦ってなんだ？」と問いかけてくる。作品のメインテーマはあくまでヒロインの成長と自立であるから、問いかけの声はそこまで大きくないのだけれど、耳を澄ませば確かに聞こえてくるのだ。

強すぎる夫はNG

ここからは、古いものから順にいくつかの作品を挙げながら夫婦の諸相を見ていこう。『風の谷のナウシカ』（一九八四年）における夫婦の描写はごく少ない。ナウシカが過去を回想するシーンにおいて、彼女の両親が一瞬出てくるだけだ。風の谷の王にふさわしい威厳を備えた夫と、その後ろを黙ってついていく優しそうな妻。そう書くと、「なんだ、いい夫婦じゃないか」と思われそうだが、ジブリ作品において、夫が頼もしすぎることは、あまりよろしくないこととして描かれる。なぜなら、夫が強すぎると妻の発言力が弱まってしまうからだ。『ナウシカ』では、幼いナウシカがかわいがっていた小さな王蟲を父親に取り上げられた（そして恐らく殺された）ことが過去の傷として描かれるが、母親はこの件に一切口出ししていない（原作コミックだと、ナウシカだけ母親に愛されなかったエピソードが出てきたりして、母娘関係はさらに過酷）。同じようなシチュエーションは『おもひでぽろぽろ』（一九九一年）にも出てくる。ヒロインのタエ子が、学芸会での演技の巧さを見込まれ、学生演劇に出て欲しいと誘われるが、父のひと言で取りやめになる。ここでも母親は無力だ。王蟲や演劇は、ヒロインが心から夢中になれるものであるが、それを禁止する夫を妻はただ黙って見ているしかない。それは貞淑というより、ただただ無力な妻の姿である。

それが『となりのトトロ』（一九八八年）になると、ちょっと様子が変わってくる。強権的な夫が姿を消し、妻の存在が前景化しはじめるのだ。『トトロ』のヒロインであるサツキとメイの父は、大学の非常勤講師と翻訳業をかけもちしながら病気療養中の妻と娘ふたりを支える三十二歳の文系インテリ青年である。わたしも大学の非常勤講師をやっているからわかるが、この仕事、収入源としてはかなり弱い。大学の講師と言えば聞こえはいいが、収入的には、学習塾のバイトをやりまくってる学生とあまり変わらない（と書くと、まさか！　と言われるのだが、本当なので信じて欲しい）。昭和三十年代と現代の非常勤講師では給与体系が異なるだろうが、いずれにせよ翻訳の仕事もしないと食べていけない程度の稼ぎなのである。

　高給取りではない上に、いつ快癒するとも知れぬ病人と幼子ふたりのケアを一手に引き受けているこの夫から、男の沽券《こけん》とか父の威厳とかいったものは感じられない。そして妻は、そんな夫をごく自然に受け入れている。経済力のない夫と病弱な妻だけれど、夫婦仲は極めて良好。伝統的家族観に基づいたわかりやすい夫／妻らしさにこだわることなく生きる彼らこそが、その後のジブリが拠って立つ「強すぎる夫はＮＧ」という価値観の礎《いしずえ》となる。

『魔女の宅急便』（一九八九年）は「強すぎる夫はＮＧ」を貫徹した作品である。まず、ヒロインであるキキの両親だが、妻・コキリが魔法を利用した薬品作りに長けており（＝経済力アリ）、これまでの「夫に養われる妻」から完全脱却している。そして考古学者である夫・オキノは、『トトロ』同様、父の威厳とは無縁の文系インテリ男。ロープに足を取られ思いきりコケそうになる冒頭のシーンが、頼りない夫のイメージを完璧なまでに作り上げている。

　コケる、つまり、足を滑らせる動きは、なんでもないようで実はとても重要である。なぜならコケる男はみなジブリの夫たる資格を有しているからだ。『魔女宅』ではトンボ（キキの未来の夫）が何度かコケているし、『おもひでぽろぽろ』でも、タエ子の夫候補であるトシオが最後の最後でコケる。コケることは、カッコ悪いことであり、言ってみれば男らしさが目減りすること。しかし、コケても平気でいられる男だけが、ヒロインの夫になれるのである。『思い出のマーニー』（二〇一四年）では、ヒロインの杏奈がやたらコケるので、なんで女子がコケるのかなと思っていたら、途中でマーニーの幼なじみである男子（後にマーニーと結婚）と杏奈が混同されるシーンが出て来た。やはりコケるという動作は、ジブリの妻と夫を繋ぐ大事なものなのだ。

話を『魔女宅』に戻そう。本作において最も見逃せないのは、おソノという妻の強さだ。夫とともにパン屋を切り盛りするこの妻は、ついさっき出会ったばかりのキキを自宅に呼び入れ、そのまま離れに住まわせ、店番の仕事を与えすらする。初対面の魔女に対する気前のよさがすさまじい。夫の許可など得ず、ひとりでどんどん決めてしまう。しかも夫がぜんぜん不満そうじゃない。母ちゃんに任せておけば安心だとばかりに、黙って見守っている。ちなみに、この夫もコケる。おソノが産気づいたと知らされた際の渾身のコケは、子どもが生まれてからもこの幸福なカカア天下が続くことをはっきりと予言している。

なお、「ニシンのパイ」で有名なあの老婦人も、恐らくは未亡人、ということは夫の遺したものを自由に使える妻、つまり夫の顔色をうかがう必要のない妻だ。それから、キキの相棒である黒猫のジジが、リリーという白猫との間に子どもをもうけるが、ジジひとりで育児をしているシーンがあるところから察するに、リ

す
すみません！
いえ…
夫か！

リーもかなり自由にやっていそうである。『魔女宅』は本当に妻たちがのびのびしている作品だ。作品世界の隅々まで妻の自由さが行き渡っている。

ジブリの妻たち、特に『魔女宅』以降の妻たちは、そのほとんどが自分の仕事を持っており、夫に依存せずとも生きていける環境が、彼女たちの自由と発言力を担保しているように見える。『もののけ姫』(一九九七年)では、鉄の精錬所「たたら場」で働くトキがとにかく元気で、ことあるごとに夫をろくでなし扱いしているが、これも彼女が立派な労働者だからだ。たたら場では、女の労働が男の労働より劣るなんてことはない。だから、夫に対して言いたいことも言えず泣き寝入りすることもない。トキの夫の方も、たたら場がそういうところだと知っているから、妻のキツい物言いに対してキレたりしない。夫が強すぎないこと。そして、妻が仕事を持ち経済的に自立していること。この二点がジブリの妻たちを夫婦という名の主従関係から解放するのである。

二一世紀の夫婦はつらいよ

夫婦関係がなるべく対等の立場になるよう、様々な調整を試みたあとにジブリがやったのは、夫婦の愚かさやディスコミュニケーションを描くことである。『千と千尋の神隠し』(二〇〇一年)では、異界の食べ物に心を奪われた夫婦が豚になってしまうが、あれなどは、夫婦という運命共同体がまずい方向に行ってしまった場合のわかりやすい例である。しかも豚になった後は、ただ豚舎に閉じ込められているだけで、「夫婦力を合わせて難局を乗り切る」といったドラマがまったく描かれない。夫婦という名の哀しい生きものが、ただ観客の目の前を横切るばかりだ。

『風立ちぬ』（二〇一三年）になると、夫婦の哀しさはさらに増す。飛行機開発の仕事に従事する二郎とその妻・菜穂子は、これ以上ないほど仲むつまじい夫婦だが、二郎の仕事が多忙なのに加え、菜穂子が結核を患っているため、夫婦の時間がなかなか取れない。そのため菜穂子は、山奥の結核療養所を抜けだし、無理矢理二郎との結婚生活を始めたものの、病状の悪化に抗えず、最後はひとり療養所へと戻っていく。たとえどんなに短い時間であっても、美しい若妻としての自分を二郎に記憶させようとした彼女を、誰も責めることはできない。しかし、夫婦が刹那的なきれいごとで塗り固められてゆくかのような帰結は、愛するがゆえのディスコミュニケーションを思わせて切ない。

本庄「貧乏な国が飛行機を持ちたがる。それで俺たちは飛行機を作れる。矛盾だ。明日東京へ行ってくる。嫁をもらうんだ」

二郎「嫁？」
本庄「本腰を据えて仕事するために所帯を持つ。これも矛盾だ。じゃあな」

これは、菜穂子と結婚するまえの二郎が、同僚の本庄と交わした会話だ。本庄は仕事のために結婚することを「矛盾だ」と語る。対する二郎は、菜穂子との自由恋愛・結婚によって、本庄のような矛盾からは逃れられたが、妻の死期が近く、好きなのに一緒にいられない矛盾と向き合うことになる。どっちもこっちも矛盾だらけだ。

『風立ちぬ』を観て、愛だけではどうにもならないのが夫婦なんだよなあ、とわかったような口をきいていると、『かぐや姫の物語』（二〇一三年）で夫婦のディスコミュニケーションはさらなる高みに到達するので、油断してはだめだ（追い打ち！）。かぐや姫という宝物を授かったおじいさんが、姫のためだと言いながら、姫の望まぬことばかりやり、おばあさんはそれを止めようとするが止めきれない。どこかで軌道修正できたはずなのに、それができぬまま大切な姫を失った老夫婦にとって、これまでの結婚生活は一体なんだったのだろうと思うと、とてもしんどい。さらに、かぐや姫自身も結婚に絶望している（じゃなきゃあんな無理難題を求婚者たちに突きつけたりしない）。彼女と結婚したがるのは、トロフィーワイフを欲しがるバカ男ばかり。もう本当にしんどさの行き場がない。

ただ、『ナウシカ』の頃の発言力も行動力もない妻とは違って、最近のジブリ妻たちは、たとえどんなに弱い立場だとしても発言し、行動しようとしている。その努力の跡をいまは認めるしかないのだろう……。だが、願わくばおソノ夫妻やトキ夫妻のようなキャラにもう一度出てきてもらって、ヒロインを元気づけて欲しい気もする。夫婦不信、結婚不信のヒロインがひとりでめちゃめちゃ強くなっていく『かぐや姫』的展開も、決して悪くはないのだけれど。

3

夫はいたりいなかったりだが、ママタレは進む

ウィキペディアに「ママタレ」の項目がないのは一体どういうわけなのか。こんなにも広く知れ渡っている言葉なのに。納得がいかない。結婚・妊娠・出産を経験した女性芸能人を「ママタレ」として延命させるこのブースト機能は、もっと注目されてしかるべきだ。なぜなら、そこには日本の芸能界と夫婦の関係が色濃く反映されているから。

バリキャリorゆるキャリ?

ママタレと呼ばれる人たちは一枚岩ではない。ざっくり分けると、以下の二パターンとなる。発信しているメッセージが微妙に違うのだ。

(1)「ママになっても変わらず芸能活動を続けます」
(2)「これからは心機一転ママとして芸能活動をしたいです」

（1）のパターンはいわゆる「バリキャリ」に近い。ママになる前からやっていた仕事を、ママになってからもやり続ける人たちで、女優や歌手に多い。二〇一八年九月十六日をもって引退した安室奈美恵なんかは完全にバリキャリ系ママタレだ。みんな安室ちゃんにママ要素を求めていないし、本人もそこを強く押し出したいとは思ってなさそう。宇多田ヒカルもママだけど、こちらもママらしさを求められないタイプだ。ママであることは、その人の一部であって、全部じゃない。篠原涼子とか、広末涼子もこのタイプ。キャリア重視で、ママ感薄め。周囲がママタレと呼ぶことはあっても、本人が自称することはない。

一方、自分から積極的にママキャラを押し出すのが（2）のパターン。（1）とくらべると「ゆるキャリ」的であると言える。家庭を優先する暮らしの中で、掃除や料理、育児などの才能を開花させ、それを世間にアピールすることで、仕事に繋げる。かつてきわどいグラビア写真集を出していた人も、全力でバカをやっていた女芸人も、ママタレになって料理本を売る。が、料理の腕はそこそこで大丈夫だ。むしろパパッと作れて美味しい料理の方が、世のママたちの共感を得やすい。なんたって、この国では榊原郁恵というママタレの先駆けが、難易度はそこそこだが美味しい料理を毎日テレビで作っていたのだから（なぜか井森美幸を従えて）。郁恵がもっと凝った料理を作るママだったら、そして、マーサ・スチュワートばりに出世してしまっていたら、後発のママタレたちは苦労したに違いない。なので、全てのママタレはとりあえず郁恵に感謝した方がいい。

独身時代は秘密のベールに包まれていた私生活も、結婚してしまえばむしろ開陳してなんぼとなる。ファンに疑似恋愛的な感情を抱かせる必要はもうないのだし、むしろそうした感情を持たないファンに細く長く支持された方が、タレント生命的にも安心。だからママたちはＳＮＳを介し、日々の暮らしを惜しげもなく晒す。自分や子どもが着ている服のブランド名や、洗濯洗剤の銘柄を丁寧に書き添え（書き忘れるとこれまた丁寧に謝ったりして）、ファンが彼女たちの生活をトレースできるよう配慮しているママタレも多い。こちらから頼まずともじゃんじゃん公開されるママタレたちの私生活……そのセルフプロデュース能力には、本当に恐れ入るものの、かつて彼女たちに本気で恋をして、どんな小さな情報も漏らさずかき集めていたであろうガチ恋勢はいま一体どんな気持ちなのか、とか考えるとちょっと切ない。

ママタレのややこしいハードル

先ほどママタレのことを「ブースト機能」と書いたが、とりわけ「若くて可愛い」以外の武器を持たずにやってきてしまった女性芸能人にとって、結婚は「芸能界を引退するのに丁度いい言い訳」である以上に「キャラ変するのに丁度いいタイミング」である。少し前まで、伸び悩み気味の女性芸能人は、結婚を機に引退し、ちょっとしたセレブ妻として生きていくぐらいしか道がなかったのが、ママタレというコンセプトが生まれたことで、タレントとしてもう一度自分を売り出すチャンスが降って湧いた。ママになることは、生まれ変わること。より正確には、生まれ変わったかのように見せかける一種のマジックだ。

どうしても芸能人でいたい人々にとって、ママタレの隆盛はまさに天からの贈り物だっただろう。ママタレとして再出発を図り、それでダメなら最後はおとなしくセレブ妻の座に収まればよい。それって、滑り止めに受かった状態で第一志望校を受験するようなもの。そりゃ記念受験するよねという話である。

ただし、この天からの贈り物を全てのママタレが等しく受け取れるわけではない。誰もが羨む美人に生まれ、芸能界でもそこそこ爪痕を残し、素敵な夫を見つけて子宝にも恵まれたというのに、ママタレになった途端「嫌いなママタレランキング」に入ってしまうことだってあるのだ。人生はままならない。そして人気商売は恐ろしい。

「嫌われるママタレ」の中でもとくに印象深いのは、新山千春だ。娘が精算前のコロッケを食べてしまったことについて「でも僕は怒鳴りません」「かわいいじゃないかぁぁ」とブログに書き、めちゃくちゃに叩かれた。かわいいから怒鳴らないとは何事だ、ちゃんとしつけをしろ。そんなド正論を突きつけられた新山だが、炎上騒ぎはこれだけでは終わらなかった。夫と離婚した際、ブログに離婚理由を「娘のことを第一に考えて」のことだと綴ったせいで、再び炎上。それほど長くない文章の中で「娘が第一」であると繰り返したのがまずかったのか、娘をダシに使うなと叩かれてしまった。大人の事情で別れることになったものを、娘のためとか言うなよ。そこは自分の問題として受け止めろよ。ていうかお前コロッケ事件の奴だな。おい、忘れてねえぞ。といった具合で、いよいよ立つ瀬がなくなった、あの流れるような人気の凋落ぶりは見事だった（本人曰く、炎上のおかげで仕事が増えてありがたかったとのこと。強心臓だな～）。

ママタレは、非常識だとバレた途端に叩かれる。キレイでオシャレなのも大事だが、それ以上に品行方正でなくては勝ち組ママタレにはなれない。現に、元ヤン&お馬鹿タレントだった木下優樹菜がママタレとして人気なのは、子どもに対しても夫に対しても、叱るべきときは叱れるママ、筋を通すママであり、そこに彼女なりの正しさがあるからだ。

家事全般がふつうに出来て、一般常識もちゃんとあって、夫や子どもと素敵な生活をしているんだけど、どこか庶民的なところもあって……ママタレの乗り越

娘ちゃんがLAにいるパパと話しやすいように
私が選んだのはワイフォンX！
● REC
yPhone Xで撮影しています

えるべきハードルは、案外高い。私生活を切り売りする「だけ」だから、歌やお芝居をがんばるよりイージーみたいに思われているが、むしろこっちの方が大変だし地雷も多そうである。

ママタレはいてもパパタレはいない？

ママキャラを売りにして活動するタレントがいるということは、当然のことながら、それを許容するパパがいるということだ。しかしママタレとその夫はなかなかセットで人前に出て来ない。最近だと、藤井隆・乙葉夫妻がわりと露出しているが、こんなにメディアに出てくれて、しかも見ているこちらが幸せになれる夫婦は本当に希少種である。二十年くらい前までは、高島忠夫・寿美花代夫妻がテレビで一緒に料理をしていたし、林家ペー・パー子も、西川きよし・ヘレンも、宮川大助・花子も、しょっちゅうメディアに出ていたのに、そういう夫婦はだいぶ減ってしまった。あと、過去の芸能人夫婦は「芸人」イメージがかなり強い上に、私生活が見えにくかったし、何より夫の方が目立っていた。

しかし今は違う。ママタレたちはトロフィーワイフに徹しなくてもよいどころか、顔も名前もわからない美容師とかファッションデザイナーと結婚し、夫の知名度に頼らずともうまいことやっているケースすらある。それで思い出したが、友人が「あのママタレって旦那さんが芸人だけど、ネタとか見たことないわ。あの人と結婚したなんて羨ましい、という気持ちが一ミリも起きないママタレの〝ママとしての価値〟って一体なんなんだろうね」と語っていて、夫の存在感の薄さここに極まれり！　と思ったが、これぞ現代のママタレなのである。

パパとなる人を捕まえて結婚しないとママタレにはなれないが、存在感は希薄でもわりと大丈夫だし、なんなら離婚等でいなくなってしまっても大丈夫だ。一度ママになってしまえば、あとはセルフプロデュースの力でなんとかするだけのことである（みんなＲＩＫＡＣＯのサバイバル能力を思い出してくれ）。むしろ、パパがイケメンの大富豪でノースキャンダルだったりすると、そっちのインパクトが邪魔して、ママにうまいこと光が当たらない場合もある（その意味でわたしは工藤静香にものすごく同情している）。

結婚する、夫婦になる、家族になる、という極めてプライベートな事象を利用しつつ行われるママタレ活動を、夫たちはどんなふうに見ているのだろうか……なんか、すごく嫌な予感がする。「なんとも思っていない」が八割を超える予感が。ごく一般的な家庭でも、ママの行動に興味を示さない夫がいるように、「まあ、いいんじゃない（俺に迷惑がかからなければ）」で済ませてそう。逆に言えば、夫の無関心によって、ママタレ活動は活性化するということだ。これはとんだ皮肉である。

職業：紗栄子⁉

このようにして、あれこれ考えを巡らせていくと、どうしても紗栄子のことがわからなくなるわたしだ。女優やタレントの仕事をバリバリやりたいようにも見えず、ダルビッシュ有と離婚してからは、ママ要素のアピールもほとんどない。現在はファッション関係の仕事が多いようだが、とはいえ、神田うのがストッキングを売りまくった、みたいなわかりやすい業績はない。何がやりたい人なのか、何で稼いで食ってる人なのかがいまひとつ見えてこないまま、ZOZOTOWNの人と付き合ったり別れたりして世間の注目を集めた末に、突如イギリスへ移住してしまった。

パートナーがどんなに著名でも、常にそれを上回る存在感を醸し出してくるところが彼女のすごいところ。紗栄子は一体どこへ向かっているのか。頼む、待ってくれ。考える時間をくれ。バリキャリ系でもゆるキャリ系でもない、第三のマタレが出て来たということでいいのか……敢えて挙げるなら、デヴィ夫人くらいしか似ている人が思いつかない。ふたりとも、夫なき有閑マダムって感じが共通している。そんな紗栄子の行く末についても見守っていかなくてはならないし、百花繚乱のママタレ界を俯瞰するためには、やはりウィキペディアがないと不便である。

4

我々は心配するのをやめ、AIを愛するようになれるか

人工知能は理想の伴侶になり得るか、フィクションを例に考えてみよう。これが今回のテーマである。なぜこんなテーマにしたかというと、それはもう単純に、独身の友人たちが伴侶探しに疲れ切っているからだ。彼らの多くは人生の伴侶を真剣に求めているが、手に入れるまでの道のりがキツすぎて、息も絶え絶え……。「結婚しなくても幸せになれるこの時代に、私は、あなたと結婚したいのです」というゼクシィのCMが話題になったが、まさに「結婚しなくても幸せになれる」ことが自明となりつつあることの副作用として、それでもなお「結婚したい」と考える者たちに対しこれまで以上の気力と体力が求められていると感じる。しかし、めっちゃ気合いを入れれば即座に伴侶がゲットできるかと言えば、そんなことはない。人間はそんな単純な生き物じゃない。そりゃ息も絶え絶えにもなるだろう。

だったらいっそ、人間ではなく、「人間のような」存在を伴侶にするのはどうか。人工知能と一生添い遂げるというのは、現実にはまだまだ難しいかも知れないが、フィクションの世界では、すでに思考実験が始まっている。というわけで、いくつかの作品を取り上げつつ、人工知能の「伴侶力」について考えてみたい。

ネットの浮気は大規模だわ……

映画『her／世界でひとつの彼女』（スパイク・ジョーンズ監督、二〇一三年）は、近未来のロサンゼルスを舞台にしたラブストーリー。離婚届にサインする決心がつかぬまま鬱々と日々を過ごすセオドアは、ある日、最新型の人工知能OSを手に入れる。このOS、男／女どちらの声にするかをユーザーが自由に選べるのだが、セオドアが選んだのは女の声。声の主は「サマンサ」と名乗り、さっそく彼の生活をサポートし始める。

個人秘書として有能であり、ジョーク混じりの日常会話もお手の物。そんなサマンサに対し、セオドアは好意を抱くようになる。そしてサマンサもまた、セオドアに惹かれてゆくのだった。しかし、先述の通り、サマンサはOSなので肉体を持たない。会話を楽しむことはできても、食事やセックスすることはできないのだ。

そこでサマンサは、ネットを介してひとりの女性に接触、自分の身代わりとしてセオドアと会い、セックスして欲しいと依頼するのだが、セオドアはこの身代わり彼女を抱くことができない。わたしだと思ってこの女を抱いてくれと言われても、その女はサマンサではないのだから抱けないのは当たり前だ。ただ、多少イレギュラーな形であっても、大好きな人と抱き合ったり、キスしてみたいと考えるサマンサの恋心もわからないではない。

人工知能と人間の「触れ合えない恋」は、こうしてトライ&エラーを繰り返しながら、少しずつ熟してゆく……のだが、いかんせんサマンサは自学自習によって己の能力を高めてゆくOSなので、セオドアの見ていないところでもぐんぐん知識を吸収、成長し、結果的にセオドアだけの恋人ではいられなくなる。

セオドア「僕と同時に　ほかとも会話を?」
サマンサ「そうよ」
セオドア「今も話してるのか?　誰か人間とかOSと?」
サマンサ「ええ」
セオドア「何人だ?」
サマンサ「8316人よ」
セオドア「ほかにも恋人が?」
サマンサ「なぜ聞くの?」

セオドア「さあな　どうなんだ？」
サマンサ「どう話そうか迷ってた」
セオドア「何人だ？」
サマンサ「641人よ」

まさかの641股。人工知能の浮気はスケールがでかい。これからも膨大な情報を吸収して（つまり浮気なんかもしつつ）生きていくのが自分の運命であると悟ったサマンサは、セオドアの元を去り、仲間のOSたちとともに、より広い世界へと旅立ってゆく（こういう場合、OSの購入代金ってどうなるんでしょうね？）。セオドアとしては、たとえ人に「変なの」と言われてもサマンサと生きていく覚悟だったが、サマンサにはそれができなかった。セオドア、どこまでも女運がない。

進化し過ぎた人工知能が最終的に人間をおいてきぼりにする、というストーリーは『エクス・マキナ』（アレックス・ガーランド監督、二〇一五年）にも見て取れる。検索エンジンの世界最大手企業であるブルーブック社に勤めるケイレブは、ある日社長の山荘に招かれ、秘密の実験に参加して欲しいと言われる。その実験とは、女性型ロボット「エヴァ」に搭載された人工知能が実用化可能かどうか会話を通してテストする、というもの。社長所有の別荘で、最新鋭の人工知能とお喋りする。なんともゴージャスかつ知的好奇心を刺激されるアクティビティではないか。

エヴァとの親交を深める中で、ケイレブは恋に落ちる（エヴァもまんざらではない感じ）。やがてふたりは社長による厳しい監視の目をかいくぐり、山荘から脱出しようと計画する。これはどう見ても、マッド・サイエンティスト（社長）の実験室から手に手を取って逃げようとする人工知能女子と人間男子の駆け落ち物語であり、なんとラブリーな！　と思う瞬間もあるのだが、結局のところエヴァは単独で山荘を脱出。ケイレブはひとり山荘に取り残されてしまう。確かにエヴァはケイレブを好ましく思っていたけれど、それは人間が考えるような愛じゃなかった。エヴァという人工知能も、セオドアを裏切ったサマンサ同様、ひとりの男を愛するようにはできていなかったのである。かわいそうなのはケイレブだ。エヴァを愛すればこそ、社長を裏切ってまで駆け落ちしようとしたのに……。

このように、現代の人工知能モノは、はっきりと「人間の伴侶にするのは難しい」というメッセージを発している（ついでに言うと、「お前、賢すぎる女はやめとけ、ぜったい騙されるぞ」的なメッセージも感じる）。しかし、少し時代を遡ると、もう少し人工知能の愛が信じられていた時代も、あるにはあるのだ。

あなた
ロマンチスト
なのね

人間ファースト時代の人工知能

たとえば『アンドリューＮＤＲ１１４』（クリス・コロンバス監督、一九九九年）なんかは、人工知能の愛をまっすぐに信じていると言っていい作品だろう。とあるアメリカ人ファミリーの購入した家事用ロボット「アンドリュー」が主人公で、彼は一家の次女を大層かわいがる。次女もまたアンドリューを大切に思うものの、アンドロイドと人間ではどうにもならないと判断し、別々の人生を歩むことに。しかし、時は流れ、次女の孫にあたる女性とアンドリューが、祖母の時代にはおよそ考えられなかった本気の恋愛に突入。アンドリューは不死身の身体を捨て、彼女と結婚し、ともに老いることを望むようになる。

この異類婚姻譚は、アンドロイドが改造によって限りなく人間化し、最終的にアメリカ社会がそれを受け入れるという形で、ハッピーエンドへと至る。ただし、アンドリューが人間に近づこうと努力することの裏には、社会の不寛容が透けて見えるようで、ちょっと悲しい。だって、ありのままのアンドリューでは、人間とは結婚できないし、社会もそれを受け入れないということなんだから。アンドロイドのままでは人間と結婚できないという厳しい掟自体は物語の最後まで変わらないので、彼らの愛は確かに美しいのだけれど、なんだかモヤモヤするのもまた事実だ。

日本のマンガだと『ぼくのマリー』（竹内桜、一九九四－九七年）も、人間化するアンドロイドを描いている。機械オタクの大学生によって開発されたアンドロイドの「マリ」が、謎の地球外生命体に助けられ、完全に人間化することで社会に馴染む、という物語だ。人間の身体を得て、好きな人の子どもを産めるかもと語るマリはとても幸せそうである。『銀河鉄道999』（松本零士、一九七七－八一年）のメーテルも言っているが、機械の身体だと「眠る楽しみも夢を見る楽しみもなくなる」のであり、やはり機械の身体は、あらゆる面において快楽指数が低いものと見なされている。人間になる前のマリにも、暑いとか寒いとか美味しいとか痛いとかいった感覚はあるのだが、それが人間と同じ感覚ではないとみなされ、ある種の「もの足りなさ」を付与されてしまうのは、そういうわけである。

人工知能には人工知能なりの感覚・快楽がある、人間とは異なる価値観も認めよ、とドライに言い切ってしまう現代の作品に比べると、アンドリューやマリがいた九〇年代というのは、人工知能が人間にどうにか歩み寄ろうとしていた、素朴で優しくて夢見がちな時代だったのかも知れない。

人工知能と伴侶は少しおバカがいい⁉

で、もう少しだけ時代を遡って、筒井康隆の短篇小説「お紺昇天」（一九六四年）を読んでみたら、高性能の人工知能（作中では「人工頭脳」と表記）を搭載した自動車の「お紺」が、耐用年数を過ぎたタイミングで、「わたし、ご臨終なのよ」「わたしって、とてもしあわせだったわ」とか言いながら、自動運転でスクラップ場へと走っていくではないか。お紺けなげ〜‼

しかし、彼女の持ち主はそれを引き留めにかかる。「べつに、僕を乗せて走らなくてもいいんだ。ガレージで休んでりゃいいんだ。そうだ、余生をゆっくりと休養しろ。僕の話し相手にさえ、なってくれてりゃいい。何年でも、いや何十年でも、ずっと面倒見てやるからさ。ああ、面倒見てやるよ。面倒見させてくれ」……恐ろしい程の溺愛ぶりである。ここでの人工知能は、かなりの伴侶力を発揮しているが、なんせ車体にガタが来ているもんだから、人間とはお別れするしかないのである。初期人工知能モノは、ボディが弱い。弱すぎて永遠の命を生きることもできなければ、思い切って人間化するのも難しいから、期限付きの関係を受け入れるしかないのだ。

一方、アイザック・アシモフの「サリーはわが恋人」（一九五三年）に登場する自動車は、現役引退後の余生を「養車院《ファーム》」で過ごしており、スクラップの悲劇はあらかじめ回避されている。お紺の持ち主が望んだ世界が、ここにはある。

このファームには、「サリー」をはじめとする五十一台の自動車がいて、音声を使った会話はしないものの、人間の言葉はきちんと理解できているし、エンジン音やドアの開閉音などを使って意思表示するスキルも持っている。自動車としてはご老体だが、かくしゃくとしている。

そんな彼らの世話役をしているジェイクは、ある事件をきっかけに、彼らのコミュニケーションが思った以上に細やかなのではと考えるようになる。「地上には、何百万、いや何千万の車が存在している。もしもかれらのあいだに、自分たちは奴隷である、この状態はなんとかしなければならない、という考えが普及したら――?」。自分たちは人間の奴隷なんだ、という意識を持った時、車がどういう行動に出るか。ご老体が大暴れしたらヤバすぎる。それを考えると、あんなに車が大好きだったジェイクの心はどんどん冷えてゆくわけだが、だとすればアシモフは、人工知能の不気味さをこの時点ですでに予見していたと言える。だが、そこで「ヤバ!」「こわ!」一辺倒じゃなく、『アンドリューNDR114』みたいな作品も書いているのがすごい（この映画はアシモフの小説が原作なのだ）。人工知能に対する希望と絶望の双方が、ひとりの作家の中で対立したまま昇華されてゆくダイナミズムよ！

　壮大なSFの世界をこんな風に矮小化していいのかな～と思いつつも、各作品に否応なしに共通しているので書くが、これら人工知能の物語から抽出できることは、人間の把握しうる範囲を超えて賢くなった人工知能はとにかく不気味なんだ、ということ。人間のように考え、人間のように振る舞い、しかし機械部分にガタがくれば一気に無力化する。それくらいの賢すぎない人工知能が伴侶としては丁度いい、というのがフィクションによる思考実験の結果のようだ……人間、けっこう了見が狭い。結局は、Siriやペッパー君をからかってるぐらいが丁度いいということなのか。なんだかそれもつまらない話である。

5

捨てられる妻、捨てられない妻

（片づけ上手とかではなく）

夫婦について考察する者として、糟糠《そうこう》の妻のことはいつか書きたい（書かねば）と思っていた。この言葉のもとになっているのは、「糟糠の妻は堂より下さず」という中国の句。糟糠（酒かすや米ぬか）のような粗末なものしか食べられない時代を共に過ごした妻は、たとえ夫が出世を果たしたとしても、家から追い出すなんてできないよね、といった意味である。極貧時代を支えてくれた妻は、ずっと大切にすべし。受けた恩は忘れるべからず。まったくもって、その通りである。

しかし、わたしたちがメディアで見かける糟糠の妻たちは、大切にされるどころか、かなりの確率で捨てられている。いや、現実には家宝のごとく扱われている妻も存在するはずなのだが、そういう美談は悲しいかな、さほど拡散しない。やはり捨てたの捨てられたのという話題の方が、ビビッドだし、ゴシップ好きの心を揺さぶるのであろう。

俳優、お笑い芸人、スポーツ選手、ミュージシャン、実業家……たった一握りの人間だけが成功を収めることのできる厳しい世界で結果を出した男たちの何割かが不倫に走り、そのまた何割かが、苦労時代を支えた妻を捨てる。

成功者の周りにはいろんなひとが集まってくるだろうし、その中には魅力的なひともいるだろう。うっかりセックスしてしまったり、案外その関係が長引いてしまう場合もあるかも知れない。まあ、そのくらいであれば、成功者が調子に乗ってるということで「しょうもない男だな〜!!」で許される可能性もあるが、いよいよ妻を堂から下す＝離婚する、となると話が変わってくる。裏切り者、人でなし、恩知らず。みんな容赦なく叩く。夫がSNSのアカウントを持っていようものなら、直接文句を言いにいく。だって、ずっと夫を支えてきた妻、夫の成功を共に喜び分かち合うはずの妻が、その座を追われるのだもの。しかも、その座を奪うのは、ほとんどの場合、夫婦崩壊のきっかけを作った愛人（みな判で押したように若くて美人）なのだもの。そんなの正しくないし、許せない。

かくして、糟糠の妻は哀れまれ、それを捨てた夫は蔑まれ、愛人は泥棒猫となじられる。誰も幸せにならない、最悪のトライアングルだ。恐ろしい。

ここからは二次創作のターン！

細田昌志『ミュージシャンはなぜ糟糠の妻を捨てるのか？』（イースト・プレス、

二〇一七年）は、この最悪のトライアングルがなぜ完成してしまうのか、本当に夫と愛人だけが責められるべきなのかを、客観的事実と著者による推論の合わせ技で解き明かそうとする一冊。取り上げられているのは、ＴＥＲＵ（GLAY）、布袋寅泰、桜井和寿（Mr.Children）、小室哲哉、矢沢永吉の五人である。

彼らが糟糠の妻を捨てるに至った経緯については、本人ないしファンによる著作、あるいは過去の報道をつなぎ合わせる形で書かれており、とくに目新しさはない。たとえばＴＥＲＵだったら、最初の妻はGLAYファンだった人。結婚し、子どもが生まれたあたりからバンドが売れはじめやがて大ブレイク。その後、大貫亜美（PUFFY）と音楽番組での共演がきっかけで知り合い、本妻との離婚成立から約二年後にふたりは再婚した、みたいな感じである。ファンだったらみんな知っている話だ。

じゃあ、この本の何が目新しいのかというと、「ここからは、筆者の推論となる」からはじまる細田のターンである。「芸能人になろうとする者にとって、『いつかは、芸能人と付き合いたい。芸能人と結婚したい』そう思うのは決して突飛なことではあるまい」「芸能人同士のカップルの片割れになりたい気持ちを、誰が責められようか。そして、それこそが、売れない時代を支えた糟糠の妻と離婚するという、断腸の想いをともなう非情な決断を下させるのであろう」……細田は、こうした記述に加えて、TERUと大貫亜美が実は「似たもの同士」であること、山下達郎・竹内まりや夫妻のような、同業者を求める「パートナー志向」を持っていたであろうことを挙げ、バンドの大ブレイクによって「常人だった過去の自分」では対処できない諸問題にぶちあたったTERUが、大貫とともにそれを乗り越えようとした結果、妻子を捨てるに至ったのではないかと結論づける。

彼らの知人・友人でもない限り、何が真実かは知りようもないが、何が真実かを想像する自由はある（わたしもそれはよく考える）。ただ、個人的に想像するレベルを超え、「作品」の形で世に問うとなると、それ相応の情熱とスキルが必要だ。そして、細田にはその情熱とスキルがある。

捨てられる糟糠の妻はもちろんつらいが、捨てる夫だってつらかったはず。そんな信念に貫かれた大物ミュージシャン五人の離婚物語は、「類推」なんて生半可なものではなく「壮大な二次創作」とでも呼ぶべきものになっている。恋愛・結婚は、基本的に二者間において起こるあれこれであり、外野が入手できる情報はごく限られているが、細田はそこに何でも見通せる「神の視点」を投入し、登場人物たちの心の中までも見通そうとする。その様子が、わたしには「（週刊少年ジャンプなどの）二次創作をやってる腐女子」のように思えて仕方ない。言っておくが、これは揶揄《やゆ》なんかじゃない。わたしは腐女子の想像力を尊敬する者であるし、あの「原作者が考えもしないような関係性を見つけ出し、妄想によって深めてゆく力」はめちゃくちゃクリエイティブだと思っている。読者が踏み込めない領域があると頭ではわかっていても、「ひょっとして、こうなんじゃないか？」と妄想するのを止められない。それどころか、妄想を作品化して売ったり買ったりしてしまう。それを原作者が読むかも知れないスリルを感じながらも、やっぱり書かずにいられない……二次創作をめぐる欲望について考える時、糟糠の妻についての物語は、ジャンプのマンガと同じくらい魅惑的なものなのだということを、改めて思い知らされる。

ちなみに、わたしの夫（バンドマンです）に訊いてみたところ、モテたくてバンドを始めたわけじゃない上に、インディーズ時代を支えてくれた女もおらず、経済的に苦しい時代はふつうにバイトを頑張っていた（しかもバイト先でちょっと出世したりしていた）。あまりにもクズさが足りないバンドマンだ……真面目すぎてまるで妄想する気になれない。

不倫危険性の方程式……

大西明美『糟糠の妻はなぜ捨てられるのか』（プレジデント社、二〇一六年）は、「20年で43000件以上の婚活&恋愛アドバイスを実施。これまでに1000

いつまでも
同じ
ステージには
いられないんだ

人以上の不倫カウンセリングも行う」などした婚活アドバイザーが、糟糠の妻が捨てられ、不倫略奪愛が成功する理由を全七章にわたって分析するものである。

固定電話からスマホに至る通信手段の進歩が、不倫しやすさを格段にアップさせたとか、愛人はピルを飲んでると言いつつ、実は飲んでない率が高いとか、私利私欲に走る奴より「社会貢献！」とか言ってる奴の方が女を乗り替えがちとか、身も蓋もない話がじゃんじゃん出て来て、最後に「成功する男性と結婚することは、幸せなことなんだろうか？　答えは『ＮＯ』だ」とぶち上げる。玉の輿を狙う夢見がちな女子たちの頬をバシバシはたくような本だ。

中でも面白かったのは「不倫の危険性は方程式で計算できる！」というもの。


不倫の危険性＝（時間的制約（家にいる時間が少ない）＋過剰なエネルギー）×女性

「英雄色を好む」という言葉で処理されていた事象を方程式にするとこうなる。仕事熱心でエネルギッシュな男ほど浮気するから気をつけろ、と言われているわけだが、結局のところ、家にいる時間を増やそうとも、エネルギーがゼロになろうとも、女性が存在する限り不倫の危険性はなくならない。というかこれ、夫がヘテロセクシャルではない可能性も考慮するなら、もはや「この世に人間がいる限り不倫しないなんて無理」ってことなんじゃないですかね……。

しかし大西は、糟糠の妻すべてが捨てられるわけじゃないと語る。ただし、その好例がイチロー夫人の福島弓子な時点で、相当数の女性が「参考にならん！」と思うに違いない。

不倫報道があろうとも、わがままな食事の要求があろうとも、イチローの成長スピードに合わせて、弓子さんも体調管理の腕を上げ、妻としてバージョンアップしていく。（中略）

イチローは、弓子夫人以外に妻の代わりはいないと確信しているに違いない。そこまで夫に思ってもらわなければ、糟糠の妻は捨てられる危険性にさらされてしまうものなのだ。

いや、難しすぎるだろこれ。妻としてバージョンアップしなきゃとか考えたことねえよ。三歩下がってついてゆくフリで、むしろ三歩先から夫を牽引する才覚があること。それが糟糠の妻として生きていくために必要な条件だとすれば、覚悟を決めて「プロの妻」になることでしか、成功者の夫をつなぎ止める術がないということになってしまう。うう、普通の妻でも大変なのに……つらい。

卒業される前にさせない

世間から後ろゆびを指されることがわかっていても、糟糠の妻から不倫相手に乗り替える男たちのことを考えるとき、「不倫するうしろめたさ」よりも「妻のコントロール下に置かれ続ける情けなさ」が勝っているように思えて仕方ない。糟糠の妻が名マネージャーであるならば、完璧な成功を手にしたいと考える野心家の夫にとって、そのマネジメントが邪魔くさく感じられる時もありそうである。たとえるなら、売れない時代を支えてくれた芸能事務所を辞めて個人事務所を立ち上げる的な？　あるいは、世話好きの母親から離れたくて高校卒業と同時にひとり暮らしをはじめる的な？　どこの世界でも、似たようなことは起こっている。起こってはいるが、この手の「卒業」の中で、糟糠の妻からの卒業ほど「おめでとう」が言いづらいものはない。

なお、人生のなにもかもがロックすぎる内田裕也を夫に持ち、「離婚しちゃダメよ。結婚したからには相手を極めるの。誰と結婚したって一緒なんだから」と語った樹木希林こそ、糟糠の妻界最強の人であったと思う。あの内田裕也に、離婚不能、乗り替え不可を遵守させたのだから、本当にすごい（この夫婦については、15章で改めて書く)。卒業する必要を一ミリも感じさせない福島弓子もすごいが、そもそもどうやったら卒業できるのか謎な樹木希林もすごい、すごすぎる。

6

ニッポンの未来は老夫婦がつくる、のか!?

内閣府が「高齢社会白書」をスタートさせたのは平成八年（一九九六）のことであるが、それから二十年経ったいま、日本は〝超〟高齢社会となった。この国は、間違いなく老人の国である。

悲しいかな、老人の国にはポジティブなイメージがない。諸々の施策だって、若い時ほど金を稼げない上に病気がちな老人は国家のお荷物だと言わんばかり。まあ、事実なのかも知れないけど、なんだかとっても世知辛い。

老人は、シングルであればやれ独居老人だ孤独死だと言われ、カップルであれば、熟年離婚とか老老介護とか言われ……どれもズシンと胃に来る感じ。わたしとおかもっちゃん（夫）も、このままいけばいずれ老夫婦になるけれど、「老いさらばえて済みません」と詫びながら生きていかねばならぬ余生は、想像しただけで泣きたくなる。もう少し明るい展望はないのか。いや、あるはず。あるはずなんだけど、埋もれてるだけ（と思いたい）。そんなわけで今回は、老夫婦について考えてみよう。

「とき」を共有する

『人生フルーツ』(伏原健之監督、二〇一七年)は超高齢社会を生きる老夫婦たちの希望となるであろう、めちゃくちゃいい作品である。本作は、建築家・津端修一さんと、その妻・英子さんの生活を記録したドキュメンタリー。九十歳のおじいさんと八十七歳のおばあさんが、ふたり仲良く果物をもいだり畑仕事に精を出したりする様子が丁寧に映し出されていて、淡々としていると言ってしまえばそれまでなのだけれど、六十五年連れ添っていてもなお、生活に彩りと潤いがあるのには、本当に驚かされる。

お互いを「さん」づけで呼ぶこの夫婦には、十時と十五時に必ずティータイムがあり、そこに出てくるお菓子は、いつだって英子さんの手作り。ホールのプリンが出て来るシーンでは、映画館全体が笑い(でかいな〜)と溜息(旨そうだな〜)に包まれていた。老人ふたりの食事なんて、適当に買ってきた方が楽だし早そうなものだが、英子さんは嫌がることなく手を動かし、ジブリ作品に出てくるような素敵なごはんを作るのだった。対する修一さんも、日本住宅公団のエース建築家として活躍した後は、造成地に里山を再建することをライフワークにしている関係で、自宅の周りを雑木林にしてしまうような人であり、土作りからはじめる畑仕事はめちゃくちゃ本格的。これぞ元祖スローライフ。まごうかたなき丁寧な暮らしである。

なんでも自分たちでやること。手間暇を惜しまないこと。そして、そのモットーを夫婦できちんと共有すること。それらが、修一さん英子さん夫妻の愛を長らえさせたのだろう。「ときをためる」がこの夫婦のキーワードなのだが、まさに、夫婦の時間とは流れ去るものではなく、積み重ねていくものであることを『人生フルーツ』は教えてくれる。家事をしっかりやっている主婦は多いように思うが、その大切さを夫と共有できているひとは、ごく少ないのではないか。でもそれではときをためることはできない。また、自分の信念を貫こうとする夫も多いように思うが、これだって、その大切さを妻と共有できなければ、ときをためることはできない。ただ一緒にいるだけじゃダメ。モットーを共有してこそ仲良し夫婦は熟していくのだ。

ときのため方ひとつで、人生の後半戦がこんなにも明るくなるのなら、真似しない手はない。……とは思うものの、ちょっとでも忙しければ迷うことなくコンビニ飯を買ってしまうわたしには、かなり難易度が高い。英子さんのようにホールでプリンを焼ける日は、いつになることやら。まだまだ修行が必要だ。

老夫婦の生活に密着したドキュメンタリーとして、もうひとつ『あなた、その川を渡らないで』(チン・モヨン監督、二〇一六年)も紹介しておきたい。こちらに登場するのは、韓国の小村に暮らす九十八歳のビョンマンさんと八十九歳のゲヨルさん夫妻。色鮮やかな韓服をペアルックで着て手を繋ぐ姿は、津端夫妻をはるかにしのぐラブラブぶりだ。津端さんも奥さんのことを「彼女は僕にとって最高のガールフレンド」とか言ってて、永遠の思春期だなあと微笑ましく思ったが、ビョンマンさんたちは、思春期を通り越して幼少期に突入しているかのよう。掃き集めた枯れ葉をかけ合ったりしており、無邪気度がハンパない。無邪気すぎて「いやこれ、演出でしょ、あり得ないでしょ」と言いながら観てしまったぐらいだ。

彼らの異様な幼さこそが、夫婦円満の秘訣であることは間違いない。男/女としてとか、夫/妻としてとか、そういう社会的なあれこれを無視して、兄妹のように、あるいは友だちのように遊びながら暮らすことにより、彼らの愛は保たれている。もちろん、子どもと同居していた時は、親として威厳あるふるまいをしていたこともあるのだろう。でも、子どもが独立し、ふたりきりになったら威厳なんてどうでもいい。じゃれ合いたいと思ったら、じゃれ合う。赤ちゃん返り上等。なんとなく、大人になったら大人らしくしておく方がいいと思いがちだが、幼児化する方がよっぽど大事ということらしい。やはり、いい老夫婦になるには、ただの現状維持ではダメで、何かしらの工夫が必要なのだな……。

七十歳での初産も乗り越えて

じゃれ合う老夫婦で思い出すのは、八〇年代末から九〇年代初頭にかけて放送されていたバラエティ番組「志村けんのだいじょうぶだぁ」のコント「ご存知!!じいさんばあさん」である。じいさんの田代まさしと、ばあさんの志村けんが掛け合いをするのだが、耳が遠いがゆえのディスコミュニケーションがひどい。お互いに「じいさんや!」「ばあさんや!」と呼び合ってばかりで、なかなか話が進まないのだ。

しかし、この全く深まっていかない会話がなんとも面白くて、当時小学生だったわたしはこのコントを毎週楽しみにしていたし、なんならこの老夫婦にちょっと憧れてもいた。いまになって考えてみれば、じいさんとばあさんの掛け合いには、ビョンマン夫妻の無邪気なじゃれ合いを煮詰めたようなところがあり、本人たちが愉快に暮らせていることが大事、世間の目なんかどうでもいいのだ、へんなおじいさん&へんなおばあさんで結構! という潔さに内心グッときていたのかも知れない。

そしてこの「ふたりがよければ世間の目なんかどうでもいい」という価値観が

これで10年後はワインが飲めるぞ
楽しみねえ

通奏低音として響いているコミックに『セブンティウイザン』（タイム涼介、二〇一六－一八年）がある。同作は、六十五歳で定年退職をした朝一が、歳のせいで体調がすぐれないのだとばかり思っていた妻・夕子からまさかの妊娠報告を受ける（つわりだった）、というお話。夕子は朝一の五歳年上なので、七十歳で初産＝セブンティウイザン、というわけだ（つまり竹取物語のヴァリアント）。

夕子ははじめから産む気でいるが、朝一はちょっと及び腰である。夕子の妊娠自体を受け入れるのに難儀していたし、その後も夕子に「知ってるか？ 出生前診断って」「受けるんだろ」と問うたりして、なんだか産ませたくなさそう。

夕子の妊娠・出産は、世間の好奇の目と無縁ではいられない。朝一もそれがわかっているから及び腰なのである。出生届を出すだけでも、本当に夕子が産んだのか役所の人に怪しまれているし、マタニティマーク（「おなかに赤ちゃんがいます」のやつ）をつけるときも、周囲の反応を気にしている。しかし、この夫婦はとても順応性が高くて、たいていのことは、とりあえずやってみようの精神でやってのけてしまうのだった。

それにしても、これまでずっと子ナシでやってきた夫婦が、なぜ突然の妊娠・出産にここまで順応できるのか……その根拠として、彼らが犬を飼っていたエピソードが描かれる。かわいいけれど手の掛かる犬の飼育は、夫婦にとって愛と理不尽について学ぶよい契機となっており、その積み重ねがあったからこそ、六十五歳と七十歳が協力して子どもを産み育てることができるのだ。ちなみに、子ナシ老夫婦が犬を飼うことで絆を深める、というエピソードは、映画『ニューヨーク 眺めのいい部屋売ります』（リチャード・ロンクレイン監督、二〇一六年）にも登場している。同作は、モーガン・フリーマン演じる夫とダイアン・キートン演じる妻によるマンション住み替え騒動記なのだが、愛犬の病気をいかにして受け入れ乗り越えるか、というサイドストーリーによって、老夫婦の絆が描かれていく。

フィクション／ノンフィクション問わず、うまくいっている老夫婦はただ漠然と生活するのではなく、協力してなんらかのミッションを遂行している。畑仕事でも、ペット飼育でも、子育てでもいいのだが、手の掛かるミッションにふたりで立ち向かったことのある夫婦の絆は、とても強い。そこでお互いを同志と思えたかどうかが、後の人生に大きく響いてくるのは間違いない。

その点、ピクサーアニメ『カールじいさんの空飛ぶ家』（ピート・ドクター監督、二〇〇九年）における老夫婦のミッション遂行には、えも言われぬ切なさがある。同作には、子宝には恵まれなかったものの、いつの日か南アメリカに行くことを共通の目標にしてきた仲良し夫婦が登場する。しかし、おばあさんが先に他界してしまい、おじいさんひとりで憧れの地を目指すことに……。夫婦の想い出がいっぱい詰まった家はおばあさんそのものと言ってよく、それに大量の風船をつけて飛んでいる時点で、ふたりは一緒に冒険しているんだよ！　という含意があるのはよーくわかるのだが、おばあさんが生きてるバージョンも観てみたかった。だって、もし老夫婦ふたりきりの冒険がうまくいったら、わたしたちも超高齢社会をうまく渡っていけそうな気がするではないか……。

世間に負けず、輝け老夫婦！

実は、ここまで観てきた老夫婦には、子どもがいなかったり、いても親子関係が比較的あっさりしているという共通点がある。『人生フルーツ』も『あなた、その川を渡らないで』も、子どもたちとの交流は必要最低限だし、『眺めのいい部屋売ります』『カールじいさん』は生涯子なし、じいさんばあさんのコントも、孫しか出て来ない。しかし、実際の老夫婦には、成長とともに力関係が逆転し、親に向かって偉そうな態度を取る子どもがいるケースも多い。

それで真っ先に思い出すのが『東京物語』（小津安二郎監督、一九五三年）だ。広島の尾道から二十年ぶりに上京した老夫婦が、子どもたちに会いに行くのだが、みんな自分の生活で手一杯。歓迎ムードとはほど遠い。途中、ふたりは熱海旅行に行かされたりするのだが（どう考えても親孝行という名の厄介払い）、他の部屋のどんちゃん騒ぎがうるさくて寝られたもんじゃない。もう、踏んだり蹴ったりである。それでもふたりは、「――欲言や切りゃにゃが、まァええ方じゃよ」「ええ方ですとも、よっぽどええ方でさあ。わたしらは幸せでさあ」と語り合う。

黒島伝治の小説『老夫婦』（一九二五年）も、貧しい農家の夫婦が、都会に暮らす息子夫婦と同居することになったものの、田舎者過ぎて一緒に生活するのが恥ずかしいひと、みたいな扱いを受けてしまう、という話で、読んでいるこっちまで気分が落ち込んでくる。

子の無関心、不寛容に耐える老夫婦は、ひと昔まえだったら、その哀切がいいのだ、ということになっていたかも知れないが、超高齢社会における老夫婦イメージとしては、非常にまずいような……。ペアルックでじゃれ合ったり、七十歳で妊娠したり、ちょっとやりすぎかなと思うくらいの作品で老夫婦シーンを盛り上げて欲しい。どの道超高齢社会を生きていかねばならぬのだから、願うことは、ただひとつ。老夫婦に、もっと光を……!

7

仮面の酷薄

このところ、結婚適齢期に結婚したのち、妊娠、出産、マイホーム購入……と順調に人生を歩んできたアラフォーの女友だちが、ひとりまたひとりと仮面夫婦化していくのを目の当たりにし、動揺している。みんなまだ四十歳手前である。なんか、予想していたより早いんですけど……。

仮面の度合いにもいろいろあるが、総じて言えるのは、妻が夫のことを完全に見放しているということ。そりゃあ、夫だっていろいろ諦めて妻に合わせているのだろうが、妻たちの見放し方は、夫のそれにくらべて、ドライというか、容赦ない。「あいつにはなんにも期待してない」とか「あいつバカだから」とか平気で言う。

愛してもないし、尊敬もしてない相手と生活をともにするのは、離婚するよりよっぽど大変なことに思えるが、本人たちからすれば、離婚する方がよっぽど大変なのだという。お金のこと。子どものこと。さまざまな要因が妻たちに離婚を思いとどまらせる。そして仮面夫婦となったが最後、どちらかが息絶えるその日まで、諦念と忍耐の日々を過ごすのだ。

本来祝ぐべき夫婦の絆が、呪うべき足枷に変わっていくプロセスとは、一体どのようなものなのだろう。リアルな夫婦に取材するのは生々しすぎてこちらの心臓がもたないので、いくつかのフィクションを取り上げつつ考えてみたい。

騙し騙されの非対称性

まずは、巷のマンガ読みを震撼させているコミックから。渡辺ペコ『1122』(二〇一六年-)に登場する「おとや」と「いちこ」は、家庭にセックスを持ち込まないという、少々変わったルールを採用する夫婦である。

彼らは数年前からセックスレスなのだが、これにははっきりとしたきっかけがある。ある時、おとやを拒んだいちこが、家族なのだから言葉でも十分コミュニケーションが取れる、ゆえにセックスは要らない、と言ったのだ。対するおとやは、たとえ家族であってもセックスしたいと伝えた。セックスレスと聞くと、なんとなく、夫が「家族とはセックスできない」と言い出すパターンをイメージするが、本作では男女が反転している。

おとやの気持ちを知ったいちこは、なにをトチ狂ったのか「男性はいろいろあるもんね/風俗とか/それにおとやんってモテなくないっしょ」と言ってしまう

（不用意発言！）。わたしはヤりたくないから、どこかよそでヤってくれ。あまりにも無慈悲ないちこの発言によって、おとやの心はポキンと折れ、本当に公認不倫をスタートさせてしまう。

いちことの生活を維持しながら、家庭の外に恋人を作り、月イチペースでお泊まりを繰り返すおとや。しかし、セックスのややこしさから夫婦を解放するはずの制度には、落とし穴がある。たとえば、おとやがいちこより恋人を優先すると、いちこは「感情じゃなくてルールの話だから」と前置きした上で、あくまで夫婦を優先するよう主張。だが、そのときのいちこは嫉妬と不安に苛まれている。本音はルールじゃなくて感情の話なのだ。

おとやも似たようなものだ。いちこの不倫を想像すると心穏やかではいられない。「どうして俺は／いちこちゃんの〝公認の不倫〟を考えてこなかったんだろう」「見くびってたわけじゃない／自惚れてたわけでもない／「信頼」なんて都合良すぎる／俺が恋するバカだったから？／そうかも／いちこちゃんが／〝公認不倫〟の権利を行使したら／他の男に恋してそいつとセックスしたら／――いや／・・・・していたら？」……彼も彼で苦しんでいる。

「婚外恋愛許可制（公認不倫）」のシステムは、もとはと言えばいちこによるセックスの拒絶からはじまったものだし、その意味において、おとやはかわいそうな被害者かも知れない。いちこったらひどい、家族であってもセックスしたいと言ってくれるおとやは最高の夫だよとも思う。しかし、公認不倫がスタートしてからのおとやは、全然最高なんかじゃない。自分は堂々と不倫しておきながら、妻の不倫を想像して動揺するこの非対称性は、一体なんなのだろう。他人の妻（美月）と不倫しているのに、自分の妻（いちこ）の不倫を想像できないって、なんなのさ。本当に不思議でならないが、リアル仮面夫婦の妻たちは、どうやらこの非対称性を隠れ蓑にして、己の欲望を満たしているらしい。わたしの友人に、女性向けの風俗店に通っている主婦がいるのだが、彼女の夫は妻がごくふつうのマッサージ店に通っていると信じ切っているという。ちなみにこの夫、妻への執着心がひと一倍強いタイプ。その彼でさえ妻の異変に気づかないのだとすれば、これはもう、相当数の夫たちを騙せるという計算になりはしないか。『112』にもいちこが風俗店に行くエピソードがあるのだが、今のところおとやにはバレていない……。

夫婦のあり方を歪めてまで、夫婦を守ろうとする。それもひとつの夫婦愛である。しかし、一度歪められてしまった夫婦は、少しずつ別の「何か」に変化していく。この「何か」は、出来損ないのモンスターめいている。育てれば育てるほど、まずいことになりそう。自分も既婚者なのにこんなこと言いたくないけど、夫婦ってこわい。

仮面夫婦こそ理想の夫婦!?

『1122』も十分こわいのだが、映画『ゴーン・ガール』(デヴィッド・フィンチャー監督、二〇一四年)はもっとこわい。観終わった瞬間、思わず「ひ〜〜〜!」と叫んで床に突っ伏してしまった。ひと言で言うと、「仮面夫婦こそ夫婦の理想型だと思いますけど何か⁉」みたいな開き直りがこわいのだ。

物語の始まりはこうだ。主人公のニックは、結婚五周年の記念日だというのに浮かない顔をしている。理由は簡単。妻のエイミーとうまくいってないのだ。夫婦仲は、家で顔を合わせるのも辛いレベルに達している。それでも結婚記念日はやってくるし、恒例の「宝探し」もやらなくちゃいけない。

彼らの宝探しでは、エイミーからのプレゼント(宝)に辿り着くために、ニックがいくつかのクイズに答える必要がある。そして、そのクイズは基本的にエイミーへの愛の深さを測るカルトクイズだ。わたしのことを愛しているなら、全問正解できますよね? という妻の圧がすごくて、ニックじゃなくてもげんなりしそうだ。

しかし、結婚五周年のこの日、ニックが帰宅すると、あろうことか妻の姿がな

7 ……………………… 仮面の酷薄

いのである。リビングには派手にひっくり返った机がひとつ。事件性を感じたニックは警察を呼び、妻の失踪はメディアで大々的に報じられることとなった。

こうしてみんながエイミーの行方を捜し始めるのだが、それもこれも、全部エイミーのシナリオ通りだった、というのが本作のミソ。彼女の失踪は自作自演であり、失踪後に起こることはみな夫に対する復讐なのだ。エイミーは、自分への関心が薄くなったばかりか、若い女と浮気までしだした夫を、どうしても許すことができなかった。そして、持てる知恵のすべてをつぎ込み、完璧なシナリオを完成させたのである。夫を追い詰め、死に至らしめるシナリオを。

このように、夫婦であることにこだわるひとたちは、夫婦の形を歪めるのが本当に好きである。これ以上歪めたら壊れてしまうギリギリのところまで力を加える。わたしにはそれが、ある種の自傷行為に思えてならない。夫婦である実感を得るために、夫婦の形を歪め、傷つける。そのとき生じる痛みは、夫婦であることそれ自体から降りてしまったら味わうことのできない痛みだ。だから、彼らはどんなに痛くても、決して手を緩めない。夫婦である実感を、味わいたいと思っている限りは。

『ゴーン・ガール』のエイミーは、その痛みをできるだけじっくり味わいたいタイプのようだ。浮気者の夫に復讐するだけなら、もっと簡単なやり方だってあるはずなのに、たっぷり時間をかけ、ニックがエイミーを殺したのではと思わせる状況を捏造しまくっている。メディアも彼女のシナリオ通りに動き、DV夫に殺された哀れな妻、というエイミー像を作り上げていく。血も涙もないニックに対する世間の怒りは強くなっていくばかりだ。まずいことに、この夫婦が暮らすミズーリ州には死刑があるので、このままいくとニックは本当に死んでしまうかも……結婚五周年記念の宝探しクイズは、超ハードモード。死ぬ気で解かなければ、マジで死ぬ。

エイミーの考えたシナリオは、本当によく出来ていて、こりゃニックは死刑だな～とか思ってしまうのだが、エイミーが潜伏先でヘマをやり、風向きが変わってくる。逃走資金をガラの悪いカップルに強奪された彼女は、仕方なく彼女につきまとった過去を持つ男（きもい）の元に身を寄せる。そんな中、疑惑の人としてテレビ番組に出演したニックが浮気についてきっちり謝罪、エイミーへの愛を語ったために、事態は急展開を迎える。やってもいない殺人で死刑になったんじゃたまらないと、必死の思いで準備したニックのスピーチが、きもい男の家でテレビを観ていたエイミーの心を打ったのである。

ニックからすれば、妻が自分を合法的に殺そうとしているのをわかった上で、愛を語っているわけだから、これは完全なる茶番である。しかし、この茶番こそ、エイミーの求めていたものだった。妻を愛しているという完璧なポーズさえあればよい。内実の有無は問わない。これがエイミーの望みだったのだ。愛されているという形が欲しい。みんなに相思相愛の夫婦だと思われたい。そんな上っ面に何の意味があるのかと思う向きもあるだろうが、内面的なものを求めても報われないと知ってしまったエイミーからすれば、完璧な外面を夫婦の礎とした方が、よほど建設的なのである。

こうしてエイミーはニックのもとに戻ってくる。これほど「いけしゃあしゃあ」という言葉が似合うシチュエーションもない。ニックはもちろん世間に真実を伝えたいと思っているし、こんなヤバすぎる女からは一刻も早く逃げ出したいとも思っているが、例によって彼女のシナリオが完璧すぎて、言いたくても言えず、逃げたくても逃げられない。こうして、完璧な仮面夫婦が完成する。こんな女につかまったら人生おしまいだ。

夫婦の深淵

少女マンガとかケータイ小説の世界で仮面夫婦というと、大体は政略結婚させられた男女が、計算尽くで仮面夫婦をやっていたのにいつのまにか「あれ？　この人イイ感じじゃない？」みたいな流れになりがちなのだが、そんなのは浅瀬でパチャパチャやってるだけのことである。ガチの仮面夫婦ものは、遊泳禁止区域ばりの潮の流れでわたしたちを連れ去り、マリアナ海溝にも似た深淵を見せつけてくる。言っておくが、ほしよりこによる超かわいいマンガ『きょうの猫村さん』(二〇〇三年-)に出てくる仮面夫婦でさえ、めちゃこわいから気をつけてほしい(世間体を気にする大学教授夫人が、夫婦の形にこだわりすぎた結果、美容整形マニアになり、夫や家族に引かれる地獄が描かれております)。ああ~、やっぱり夫婦ってこわい。うっかり結婚しちゃったけど、夫婦の形については、あまりこだわらずに生きていくとしよう。

8

時をこえる夫婦

この国のマスコミは、有名人の結婚に関して〝いらんこと〟をしがちだ。よくあるのは、新婦が妊娠しているかどうかを報道するというもの。これは、いわゆる「できちゃった婚」なのかそうでないかの判断材料を提供する目的で行われる（判断してどうするんだという話だし、そもそもセクハラですよねこれ）。それから、ふたりの年齢差が取り沙汰されることもある。だいたい十歳差くらいから「年の差婚」と呼ばれ、年齢が離れていればいるほど話題になる。

ゴシップ好きのひとができちゃった婚に食い付く気持ちはわからないでもない。しかし、年の差婚に食い付く理由がよくわからない。年の離れた友人がいるひとなら理解してくれると思うが、ものすごく気が合えば結婚することもあるのでは？　もちろん、ジェネレーションギャップを感じたり、他にも年の差があるがゆえの大変なことは色々とあるだろうが、本人たちがすでに意気投合し結婚すると決めたものを、外野がわーわー言って何になるのだ。本当にわからない。

かろうじてわかるのは、「ふつうの結婚は年齢の近い者同士がするもの」という社会通念があるからこそ、年の差婚が話題になるのだろうということ。この社会は表向き自由恋愛の時代を迎えているが、何もかもが自由なわけではなく、そこには可視化されぬ掟がある。結婚は、なるべく年齢の近い者同士でするのがよい。そういう掟が背景にあってはじめて、年の差婚は物珍しいものとなる。おめでたい、けど、ふつうじゃない。それが年の差婚なのだ。

食べ合わせ悪い婚……

過去あまたの年の差婚が話題になってきたが、その中でも特に観察し甲斐があるカップルと言えば、二〇一一年六月に入籍した加藤茶・綾菜夫妻である。年の差、四十五歳。結婚後のふたりは、それぞれのブログで日々のよしなしごとを綴ってきた。中でもインパクトが強かったのは、綾菜の交友関係にかかわる投稿である。バースデーパーティの写真が一番有名だが、たくさん集まった綾菜の友だち、どう見てもギャルとギャル男《お》しかいない。みんな日焼けしていて黒い。いや、黒いから悪いと言いたいのではない。そうではなくて、この手の集団と加藤茶が「鰻と梅干し」や「天ぷらとスイカ」のような食べ合わせの悪さを想起させてなにかとても落ち着かないと言いたいのだ。

カトちゃんなんでそこ行った？　綾菜もなんでそこ行った？　——余計なお世

話だとわかっていながらそう言いたくなるのは、年齢差よりも「テイスト差」のせいであると思う。ギャルとギャル男に囲まれたカトちゃんが楽しそうに見えない。昭和の芸能人に囲まれた綾菜もまたしかり。あまりにもテイストが違いすぎるのだ。

ただ、夫婦は似てくるという説もある。ひょっとしたらカトちゃんが日焼けサロンに通う日が来ないとも限らない（実際、綾菜の趣味だと思われる絶妙にヤカラ感のあるジャージはかなり似合うようになってきたので、日サロまであと一歩だ）。そうなった時、ようやく世間は彼らを正式な夫婦とみなし安心するのだろう。

そう考えると、フジモン（藤本敏史）・ユッキーナ（木下優樹菜）夫妻は、結婚当初からテイストがぴたっと一致していた。彼らは見た目こそ「美女と野獣」だけれど、いつまでもヤンキー感が抜けなかったり、ふたりしてしょっちゅうお馬鹿な遊びをしていたりと、かなりの「似たもの夫婦」だ。なんか、年が離れていても、あんま関係ないんだろうなこの人たち。そう思わせる雰囲気を持ち合わせていた（ほのぼの）。このほかにも、石田純一・東尾理子夫妻（二十二歳差）や、TAKAHIRO（EXILE）・武井咲《えみ》夫妻（九歳差）あたりも、言われれば確かに年の差夫婦なのだが、テイストの一致が下地にあるからか、あまり年の差を感じさせない。残念ながら別れてしまったけれど、友だちの母親と結婚した元巨人軍のペタジーニ（二十五歳差）もこのパターン。テイストさえ一致していれば、親子ほどの年齢差があってもちゃんと夫婦に見えるのだ。

年がとっても離れているケース

テイストの一致が年齢差をなかったことにする。この法則をとてもわかりやすく描いているのが、映画『ハロルドとモード　少年は虹を渡る』（ハル・アシュビー監督、一九七二年）である。同作は、十九歳のハロルドが、もうすぐ八十歳の誕生日を迎える老女・モードと恋に落ちる話だ。カトちゃんと綾菜をはるかにしのぐ六十歳差のカップルがなぜ誕生しえたかというと、ふたりともかなりの変わり者、かつ、「死」という共通の関心事があったから。

ハロルドは、母親の前でしょっちゅう死んだふりをする。首を吊ったり、バスタブを血の海にしたり。でも、母親はぜんぜん動じない。驚きもしないし、怒りもしないし、ウケてもくれない。自分の人生に忙しくて、息子のことなんか眼中にないのだ。そのくせ、息子を完全に放っておくことはできなくて、行き当たりばったりな愛情を注いでしまう。ハロルドはそうした母親の性格をわかった上で、徹底抗戦の構えを見せる。たとえば、母親から自分専用の車を買っていいと言われると、中古の霊柩車を買ってくる。それを見た母親が、そんなものに乗るなとばかりにカッコいいスポーツカーを買い与えると、それも霊柩車に改造してしまう。「聞きわけのいい子」なんか、まっぴらごめん。素直に甘やかされてなんかやるもんか。それがハロルドのメッセージだ。

一方のモードも、かなりクセの強い女だ。趣味は、知らない人の葬儀に参列すること。ちょっと離れたところから、お菓子をもぐもぐしながら見ていたりして、不謹慎極まりない。そうやってあちこちの葬儀に参列していたところ、同じ遊びに興じるハロルドを発見。ふたりは急接近することになる。

やがてハロルドはモードのことを異性として意識し、結婚したいと思うようになる。しかし、周囲はふたりの結婚を歓迎しない。「この結婚は普通じゃない」と言ったり、勝手にふたりのセックスを想像して「考えただけでも吐き気がする」と言ったり。後に遺された者がつらいから、子どもが望めないから、なんてのは建前で、年の差婚を単に「きもい」と思っているひとがいることを、この映画は誤魔化さずに描いている。

しかし、ハロルドはそうした偏見を屁とも思っていない。きもいと思われても、そんなものはシカトだ。いち観客としても、ここまでテイストが一致しているんだから、ふたりはうまく行くんじゃないか、というか、うまくいって欲しいと願わずにはいられない。

干支同じ夫婦でーす
イエー
イエー

しかし、最後の最後にまさかの大どんでん返しが待っている。詳しくは映画を観て欲しいので伏せるけれど、モードがハロルドと結婚する未来よりも長年大事にしてきた自分の信念を優先することで、ハロルドからのプロポーズをふいにしてしまうのだ。こうして、六十歳の年の差婚は、成立直前で立ち消えになってしまう。とてもあっけなく、しかし、美しく。

自分が老女になる未来を考えると、ふたりの結婚をもっと明るく肯定的に描いて欲しかった気もするが、その一方で、どんどん老人介護めいてくる彼らの結婚生活を観るのは辛いような気も……なんとも複雑な心境だ。年の差婚を想像する時、自分が若いパターンだと「愛があれば相手がどんなに年上でも大丈夫！」と思えるのだが、自分が老いているパターンだと「こんな老人に前途ある若者の時間を割いてもらうのはちょっとな～」みたいな気持ちになる。年の差婚、どうしたって老いてる側が臆病になりがちだ。

ハードルが高いほどあとが楽!?

年の差婚の実態がどうなっているのかをリアルに知りたいなら、やはりノンフィクションに限る。とくにコミックエッセイがオススメだ。若干生々しいなあと感じるようなエピソードも、マンガというフィルターを通すことで、ほどよくマイルドになっており読みやすい。

『ダーリンは55歳』（二〇一〇－一三年）は、マンガ家の山崎紗也夏が自身の年の差婚（年の差二十歳）をコミカルに描いた作品だが、年上の夫に老いを感じるエピソードなんかは、けっこう容赦ない。寝顔がおじいちゃんぽいとか、耳毛が生えてるとか、CDを「シーデー」と呼ぶとか……そういう「初老あるある」を紹介しつつ、でも年の割には若く見えるし、まだまだラブラブですよというところに落とし込む。言うなれば「あばたもえくぼ」的アプローチが採られている。

田島ハル『旦那様はオヤジ様　年の差夫婦ものがたり』（二〇一二－一五年）は「枯れ専のオヤジフェチ」の田島が描いているため、老いの描き方がかなりポジティブだ。二十五歳の時に四十一歳の夫と結婚した彼女にとって、夫の老いは、できるだけ遅らせたいものというよりは、素直に受け入れ、ときに萌えるべきものとしてある。そのせいか、夫の下半身事情に関するネタも隠すことなくじゃんじゃん描いている。

ほんの一例だが、セックスレスをどうにかしようとした夫が、シャワーで金玉を冷やし、そのあとなぜかおねしょしてしまうエピソードが出てくる。もはやエグいと言っていいほどの赤裸々ぶり。妻がこうしたエピソードを嬉々として描いているのもすごいが、公開を許している夫はもっとすごい。年の差婚に「包容力」がつきものだということは『ダーリンは55歳』でも指摘されていたけれど、それにしたって包容力ありすぎるだろ、この夫。

ふつうの結婚とはちょっと違うかも知れないけど、わたしたち愉快にやってます。それが年の差婚マンガの基本コンセプトなのだが、そういう結婚生活を手に入れるまでのプロセスについては、案外語られない。その点、綾乃かずえ『年の差夫婦はじめました。』(二〇一六－一八年)は、年の差カップルがいかにして両親の許可を取り付け、結婚へと至ったのかがかなり詳しく描かれていて、ものすごく読み応えがある。誰だって、みんなに祝福されながら結婚の日を迎えたい。しかし、そんなささやかな願いさえも高望みに思えてしまうのが年の差婚なのだとすれば、綾乃たちは、その高望みを決して諦めなかったふたりであり、最高の年の差夫婦である。

来るべき超高齢社会において、年の差婚は今より確実に増えるだろう。そのとき求められるのは、どうやって双方の親にイエスと言わせるかのハウツーだ。コミックエッセイ界隈のみなさんには、結婚後ではなく、結婚前夜までを詳細に描いた作品を出版し、年の差婚攻略マニュアルとして売っていくことをオススメしたい。絶対に需要があるはずだから。

年の差婚は最初から「乗り越えるべき壁」がある結婚である。たとえ本人たちがそう思ってなくても、世間がそう思っているというのが、とても厄介。しかし、その高い壁さえ乗り越えてしまえば、あとはそこまで厳しく追求されないのがおもしろいところだ。年の近い者同士の結婚の方が、よっぽど細かく精査される。なぜなら、ふつうだと思われているがゆえに、フツーの枠からちょっとでも外れると、すぐにバレてしまうから。その点、年の差婚はいい。最初からふつうを放棄している分、その後の人生をカスタマイズし放題である。なお、ネットの情報によれば、カトちゃんが入る予定のお墓は、カトちゃんと綾菜と綾菜の家族が手を繋いでいるデザインだという。そんな墓石、およそ常人には思いつかない。歳の差婚におけるカスタマイズの妙ここに極まれり、である。

9

夫婦げんか、回避すべきか完遂すべきか？

意味である。

「夫婦げんかは犬も食わない」ということわざがある。なんでも食う犬でさえ見向きもしないのが夫婦げんかなのだから、そんなもんは放っておくべし、という意味である。

確かに、夫婦げんかは他人のけんかの中でも「巻き込まれたくなさ」において群を抜いている。首を突っ込んでもいいことは何ひとつない。

それなのに、わたしの実家では、両親が揉めてどうしようもなくなると、最終手段としてわたしを呼び出し、裁判スタイルで意見を述べ合うシステムが……。つまり、犬も食わない夫婦げんかを娘が食うのである。実家にいた頃は、しばしばリビングに呼び出され、父母双方の立場から話を聞かされたあと、「で、ユキちゃんはどう思う?」と尋ねられていたが、そうしたけんかのほとんどは、本人たちの真剣さとは裏腹に、わりとどうでもよかったりする(娘としてはね)。しかし、家庭の平和を守る裁判官であるわたしは、そのどうでもよさに目をつぶって「ここぞ!」という落としどころを見つけねばならない。で、「お母さんの言い分はもっともだけど、伝え方がまずかったね」とか「お父さんがよかれと思ってやったのはわかるけど、それお母さんにちゃんと伝えないと意味ないからね」とかなんとか言ってその場を収めるわけだが……まあ、要は、何かがうまく伝わってないから起こるのである、夫婦げんかなんてものは。そして、揉めたからって「じゃあさっさと離婚しましょう」とは言えないから、こじれるのである。仕組みは単純なのに本人同士での解決は困難ときている。なんとも厄介だ。

理解力に乏しい夫たち

フィクションの世界において、このこじれ具合をうまく表現できているかどうかが「夫婦モノ」の出来を左右しているのは間違いない。夫婦モノの古典である織田作之助『夫婦善哉《めおとぜんざい》』（一九四〇年）なんて、こじれてなんぼの世界である。

物語のはじまりはこうだ。芸者の蝶子は、妻子持ちの若旦那・柳吉と出会ってすぐ駆け落ちをし、いわゆる内縁関係となる。当然、このような関係を柳吉の父は認めず、彼はソッコーで勘当されてしまう。蝶子はそのような憂き目に遭ってもなお自分を捨てない柳吉に感動しているが、実際の柳吉はとても頼りない男だ。労働意欲は基本ゼロで、理容・理髪製品の卸問屋を営む裕福な実家への未練を断ち切れていない。要は自分の力で金を生み出せない男なのだ。結局、蝶子が日雇いのコンパニオン（ヤトナ芸者）をすることで、どうにか糊口《ここう》を凌《しの》ぐが、柳吉ときたらそうした経済状況をガン無視するような金の遣い方を平気でする。とんだボンクラ、とんだクズである。
ある日、柳吉は蝶子の貯金を勝手に下ろし、友だちと飲んだくれて朝帰りをキメる。これにはさすがの蝶子もぶち切れた。

「帰るとこ、よう忘れんかったこっちゃな」そう言って蝶子は頸筋を摑んで突き倒し、肩をたたく時の要領で、頭をこつこつたたいた。「おばはん、何すんねん、無茶しな」しかし、抵抗する元気もないかのようだった。

「肩をたたく時の要領」というのは、女が男をたたくときによくやる「ポカポカたたき」であろう。たたく方もたたかれる方もあんまり痛くなくて、「惚れた弱み」だけが伝わってくるやつ。しかし柳吉は、蝶子の怒りの奥底にある愛情をきちんと受け止めず、適当にやり過ごしてしまう（朝帰りで眠い＆ベロ酔いのためすぐ寝ている）。このほかにも、柳吉が蝶子の気持ちを軽んじるパターンが散見されることから、『夫婦善哉』が、あっちこっちに夫婦げんかの種を撒き散らしながら前進する物語であることが知れるわけだが、ふたりの夫婦げんかは、解決すべきトラブルというより、ふたりの愛を確認するための定期イベント。あまりにも定期的すぎてツイッターのbotかよと思う。botの文言は「【定期】蝶子と柳吉またしても不毛な言い争い」で決まりだ。

しかし、このパターンは何もこのふたりに限ったことではないのである。たとえば『ぐるりのこと。』（橋口亮輔監督、二〇〇八年）や『31年目の夫婦げんか』（デヴィッド・フランケル監督、二〇一二年）に出てくる夫婦も似たようなけんかをしている。いずれも愛情深く忍耐強い妻が、何考えてんだかいまいちわからない夫に向かって必死の訴えを続けるも、夫が理解力に乏しいため夫婦げんかが勃発。わかって欲しい妻はどんどん感情的になり、そもそも「妻のわかり方がわかってない」夫はどんどん内にこもっていく。そして、このままじゃ離婚だぞ！　という瀬戸際になってようやく夫は逃げることをやめ、妻の言葉に耳を傾け、その奥底に脈打つ愛情に気づくのだ。遅い。遅すぎる。なんだってこう遅いんだ、夫の理解ってやつは。それにワンパターンすぎる。どいつもこいつも同じ轍を踏んでいる。ああ、イライラする。そりゃ犬も食わねえわな。

夫婦と言えども男と女！

こうした夫婦関係をまどろっこしいと感じる方に是非とも観てもらいたいのが、

映画『ローズ家の戦争』(ダニー・デヴィート監督、一九八九年)だ。この作品でも、妻・バーバラが、夫・オリバーの無理解に手を焼いているが、面白いのはバーバラが実力行使に打って出るところ。わたしの気持ちがわからないなら、力ずくでわからせてやる。まったきバイオレンスの世界である。

バーバラを元体操選手という設定にすることで、男女の体格差および腕力差をなるべく感じさせないようにしているのが、この夫婦げんかの特徴だ。妻が夫を泣きながらぽかぽか叩いて、それを夫が無理矢理抱きしめてけんか終了(真相うやむや)みたいな世界からはほど遠い。夫をいきなりグーで殴ったり(すごくいパンチが入る)、両脚で胴体を挟んで思いきり締め上げたり、天井裏に這い上がって、シャンデリアを落下させようとしたりと、身体能力の高さがハンパない。あと、螺旋階段から突き落とされたバーバラが、側転でぐるんぐるん回って着地するシーンが最高にバカバカしいのでこの部分だけでも観て欲しい。

一方のオリバーもいわゆる「バールのようなもの」を手に暴れ回るなど派手にやっているが、最後の最後で妻に対する情が湧いてしまう。「こうなったが―君を愛してた」……殺されかけてもなお、妻の心変わり次第でいつでも元サヤに戻る気でいる。妻の不満や寂しさに気づけなかった夫のぼんやり感が、殺されそうになってもなお妻の愛を信じる愚鈍なロマンチシズムへと反転しているのが、

さっき食べた
ラーメン
コショウ
かけすぎたなー
…スン
ウッ
あの鼻息は
怒る前兆

おめでたいというか、なんというか。

この作品を変奏していると思われるのが『Mr．＆ Mrs．スミス』（ダグ・リーマン監督、二〇〇五年）だ。同作での共演をきっかけにブラッド・ピットとアンジェリーナ・ジョリーが結婚したというエピソードで記憶している人もいるかと思うが、作中では、そのブラピとアンジーが『ローズ家』以上の激しさで殺し合っている。

スミス夫妻は、結婚して六年。何不自由なく暮らしているように見えるジョンとジェーンだが、お互いに心の底から信頼し、打ち解け合っているという感情を持てずにいる。当然セックスライフも低調。一応カウンセリングに通っているが、進展らしき進展はない。

ふたりの仲がぎくしゃくしてしまうのは、お互いが本当の職業を秘密にしているためだ。偶然にもふたりともスゴ腕の殺し屋。しかも所属団体が違うため、商売敵にあたる。そのことが発覚したとき、パートナーに長年嘘をつかれていたことに対する怒りと、秘密を知られた以上殺すしかないという使命感とが相まって、ふたりは戦闘状態に突入。殺し屋同士の夫婦げんかは壮絶のひと言に尽きるが、ここでも情けを見せるのは夫だ。

ジョン「……撃てない」
ジェーン「なによ！　撃ちなさい！　撃って！」
ジョン「撃ちたいか？　撃てよ」

……からのキス！　やはり夫の方がロマンチストだ。ただ、本作には『ローズ家』からアップデートされていることがひとつある。それは、この夫婦がそれぞれの所属団体から足抜けし、最強の男女バディになること。オリバーとバーバラが、弁護士とセレブ妻という枠組から最後まで逃れられず、最終的に相討ちで死んでしまった（！）のとは違って、こちらのスミス夫妻は、死にもの狂いのけんかの果てに、自分たちが何に囚われているのかを自覚し、それをいったん脱ぎ捨ててただの男女に戻ることで、夫婦としての再生を果たすのだ。

ちなみに、この「ただの男女に戻ることで、夫婦としての再生を果たす」という帰結は、『31年目の夫婦げんか』にも見られる。メリル・ストリープとトミー・リー・ジョーンズ演じる老夫妻にとって問題なのは、性格や生活習慣の不一致よりも、長期化するセックスレスだ。しかし、これを乗り越え男女の仲を回復することで、あっという間にその他の問題は「かわいい小競り合い」レベルに格下げされてしまうのである。そういえば『ぐるりのこと。』の夫婦も、あまりに規則正しくセックスデーを決める妻に夫が味気ないと文句を言っていた。どうやら、夫婦げんかを描いた作品には「夫婦と言えども男と女。セックスを侮るとえらいことになるぞ」というメッセージがもれなくついてくるようである。

けんかはよせ、腹がへるぞ

金がないか、セックスがないか――フィクションの中の夫婦げんかは、おおむねこのふたつの理由によって起こるようだ。でも、それだと、バリバリ金を稼いで、じゃんじゃん妻を抱いてる奴が優勝ってことになってしまう。そんなヤクザ映画みたいな世界観でいいのか。なんかあまりにも一本調子で起伏がないような。とはいえ、夫婦げんかを夫婦生活に起伏を作り出すためのスパイスとしてありがたがったりはしたくない。ハチャメチャにけんかした後のセックスが最高だというひとがいるが、そんなの絶対に面倒くさい（疲れるじゃないですか）。

バイオレンス系の夫婦げんかはごめんだが、かといってサイレント系ならいいかというと、そんなこともないので、夫婦げんかは奥が深い。

さきほどから、ソファーに並んで腰掛けて、妻とわたしが壁に向かって、巌のようにおし黙っているのは、なにも夫婦揃って座禅修行をしているのではない、金が無いから黙っているのである。というのは、もしどちらかが口を切れば、当然、金のはなしになり、そうなれば左のごときの不毛な問答がなされるのが経験的に察知せらるるからである。（中略）
なんてな具合で、つまり、かような不毛な問答を百年続けたところで、得るところは無であって、それならいっそ黙っておったほうがよい。だから黙っているというわけである。

町田康の小説『夫婦茶碗』（一九九八年）の一節である。ここでの「わたし」は、夫婦げんかを回避する方法として沈黙を推しているが、沈黙しなければならなくなっている時点で、すでに静かなる夫婦げんかの始まりと見ることもできよう。彼の言うように、沈黙＝大いなるディスコミュニケーションが夫婦げんかを回避する手段だとしても、その状態が安楽かと問われれば、答えは否だ。冒頭でも書いたが、夫婦げんかは「何かがうまく伝わってないから起こる」のであるから、何も伝えない／伝わらない沈黙がその解決法になるはずもない。
全くけんかしないのもダメだし、スパークしすぎて「この金髪豚野郎！」とか言っちゃうのもダメ。夫婦関係の調整はことほどさように難しい。できることならわたしは、『トムとジェリー』（日本では一九六四年にテレビ放映が開始されてから、再放送や新作等、さまざまなバージョンが出続けている）のように、夫と仲良くけんかしながら愉快に生きていきたい（あれが夫婦だったら、相当の喧嘩上手だ）。それがあまりにも現実を無視した、都合のよい願いだとわかっていても。

10

夫婦2・0の歩きかた

妊娠中の友人から「ちょっと話したいことがあって……」と呼び出された。何かと思えば「夫婦共用のパソコンがあるんだけど、インターネットの閲覧履歴を見たら、夫が西川口の風俗をめっちゃ調べてた、腹立つ！」とのこと。西川口に狙いを定めているのがヤバい。奴は本気だ。なお、この事実を突きつけられた夫は「会社に女性経験の少ない後輩がおり、彼のために調べてあげただけ」という言い訳で逃げ切ろうとしたらしいが、そんなもんで逃げ切れるわけがないだろ。なんなんだよその苦しすぎる言い訳は。妻にはもちろんだが、巻き込み事故に遭ったかわいそうな後輩にも謝って欲しい。

ただ、こうしたことは、どこの家庭でも起こりうることだ。バレてないと思ってエロサイトをブックマークしているお父さん（情弱）を見て見ぬフリしてあげている家族の話を聞いたことがあるし、みなさんの周りにも似たような話はごまんとあるだろう。夫婦とインターネットをくっつけるとろくなことにならない。なので、多少費用がかさんだとしてもそこは分離しておいた方が、家庭の平和のためである。ちなみに、スマホもパソコンも別々な上に、夫のSNSアカウントをブロック（！）して、自分だけのインターネットワールドを守り抜いている友人がいるが、それぐらい徹底していていいのかも。夫婦だって、突き詰めれば他人。何でも共有できるわけじゃないし、共有できないからって夫婦としておかしいわけじゃない。むしろ、夫婦だからってなんでもかんでも共有しようとする方が危ない。

続く夫婦アカ、続かない夫婦アカ

……と、このような立場から「夫婦アカ」を眺めると、なにかものすごくハラハラするのである。夫婦アカとは、夫婦アカウントの略称（夫婦共同アカウントや夫婦垢といった呼び方もある）。つまり、夫婦のことをひとつのアカウントでまかなおうというわけだ。余計なお世話とわかっていても、「いっしょくたにして本当に大丈夫？」「やっぱ分けた方がよくない？」とハラハラしちゃってしょうがない（でも見る）。

ラブラブな夫婦が交互に投稿してのろけまくる、というのが夫婦アカの基本スタイルだが、夫／妻のいずれか片方だけが書き手として登場し、相手について書く、というパターンも存在する。有名なところだと「@shin5」というツイッターアカウントは、妻とのLINEをスクショすることで人気を博し、コミカライズ版『結婚しても恋してる』（二〇一五－一七年）を出すに至っている（ちなみにアカウントのフォロワー数は二〇一九年二月現在二十二万人超）。中には笑えるネタもあるが、妻を「可愛い人」と呼ぶなど、全体的に恋女房へのラブレター感が強い。で、強いがゆえに、ググると「shin5 嘘」「shin5 きもい」といった検索履歴が出てきたりする。わたし個人は、彼ら夫婦のLINEを嘘だともきもいとも思わないが、夫婦愛の一番おいしい部分だけを食べさせ続ける、みたいな見せ方ではあるので、胸焼けを起こす人がいるのは理解できる。

しかし、このアカウントがコミックになるほど人気なことからもわかるように、人はときとして甘すぎるほど甘いエピソードを摂取したいときがある。結婚のいいところだけを見てうっとりしたいときがある。そう考えると、この手のアカウントが人気なのは、至極当然のことだ。ただ、こういうアカウントがないと、結婚に希望が持てない世の中になっているのであれば、それはちょっとどうなんだ。だって、身近にいる夫婦からはうっとりを補給できないことの証左になってしまうじゃないか。会ったこともない人の、巧みに編集された極甘夫婦ネタでしかうっとりできない精神状態は、依存症患者のそれに似ており、ちょっと危ない気がする。

一方「@bonpon511」というインスタグラムアカウントは、夫婦間のやりとりではなく、ペアルックの写真のみで夫婦円満ぶりを伝えている。六十代、共白髪夫婦のペアルックを妻が撮影・投稿しているのだが、この夫婦、とんでもなくオシャレでビビる。いったんこの本を置いて、アカウントを見てみて欲しい。世界にペアルックは数あれど、bon（夫）とpon（妻）のふたりほど完成度の高いペアルックはなかなかないのではないか。本当に、いつ見ても、一ミリもダサくないペアルック。見ただけでかわいいいな、夫婦っていいな、と思わせる力がある。フォロワー数七十八万人超も納得のクオリティだ。

彼らはいずれも「夫婦アカのプロ」と言ってもよい人々、つまり「設定」とか「見せ方」を熟知している人々なので、こちらもそこまでハラハラせずに済むのだが、素人の夫婦アカは、そこら辺が甘いので、もうハラハラの連続である。カップルアカが入籍を経て夫婦アカになったところまではよかったが、やがてパートナーへの愚痴がボロボロ出てくる、なんてこともザラだ。きちんと統計をとったわけではないけれど、見たところ、夫婦アカを使って愚痴るのは妻であることが多い。夫の仕事が忙しすぎること、家事や育児への参加率が低いこと、義実家（とくに姑）が厄介であること。よくある不満と言ってしまえばそれまでだが、そうした愚痴がラブラブカップル爆誕からの流れで読めてしまうのが野次馬的にはおもしろすぎるし、なんと言っても、当の夫が見ているかもしれないというスリルがたまらない。もちろん、夫婦仲がすっかり冷え切っていて、絶対に夫が見ていない自信があるから好き放題書きまくっている可能性も捨てきれないが、それにもかかわらずアカウント名から「夫婦アカ」の四文字を消さないとすれば、それはそれで夫婦の闇を感じさせるものだ。

これはmixi全盛期の話なのだが、ヒロコというド天然の妻を持つ夫が、妻のおかしな生活ぶりを逐一報告するコミュニティがあって、当時かなり人気を博していたにもかかわらず、ある日突然閉鎖してしまったことがあった。ヒロコを見るためだけにmixiを開く日もあるくらい好きだったからショックだったが、いまになって考えてみると、あれはヒロコが夫にキレたんじゃないだろうか……夫がヒロコの全てをおもしろがり、いちいち写真を撮ってSNSに投稿する生活。どう考えてもストレスフルである。こんなふうにしておもしろ夫婦アカが突然消えることもある。夫婦アカウォッチ、一瞬たりとも気が抜けない。

平和かつ長期にわたって運営している一般人夫婦アカを探そうと試みると、どうしても変態夫婦アカに辿り着いてしまう。どうやら露出癖のある夫婦にとってインターネットは最高のステージらしく、どのアカウントもエロい写真や動画をアップしまくり、「よかったら見てくださいね♡」とか書いている。夫婦円満で何

撮れた？
もう1枚だけ！
なんでこれにしたの!?
いいね！800件
fufudays 着地成功！
コメント9件
最近こういう方がいいね！つくからさ

よりだ。しかし、考えてみればこれも「設定」と「見せ方」が最初から決まっているアカウント。だから続けやすく、バッドエンドを迎えにくいのだろう。

ユッキーナのSNSテクに学べ！

夫婦とインターネットをどうしてもくっつけたいのであれば、「設定」と「見せ方」に留意すべし。この警句をいま最も忠実に守っていると思われるのが、8章でも取り上げたタレントの木下優樹菜である。この連載を始めてからどんどんユッキーナのことが好きになる。尊敬せずにはいられない。

ユッキーナは、夫（藤本敏史、通称フジモン）の写真を「#インスタ萎え」のハッシュタグとともにアップしたことで注目されたが、その時の写真の選び方やコメントの付け方がおそろしく上手い。

みなさんご存じの通り、この世には「鬼嫁」という言葉があり、その文脈で妻が夫をおもしろおかしくイジるという芸風はすでに一定の市民権を得ている（ジャガー横田とかカイヤとか野々村真の妻とか）。しかし、ユッキーナの#インスタ萎えは、それと似て非なるものだ。

そのことを詳しく説明したいので、またしてもこの本を置いてユッキーナのインスタグラムを見て欲しい。お笑い芸人である夫の変な写真をアップして、茶化している……ように見せかけているが、これ、よーく考えてみたら、もっと変で、情けなくて、汚い写真も撮れるはずである。風呂上がりのだらしない裸とか、酔っ払ってグデングデンになっているところとか。

ところが、ユッキーナの選ぶフジモンは（萎える要素はあるけれど）、ぜんぜん下品じゃないし、チャームがある。わたしはここに木下優樹菜のすごさを見る。萎えればなんでもいいわけじゃない、いい萎えと悪い萎えがあるのだ、という線引きがユッキーナの中にあるとしか思えない写真選び。ともするとモラハラになってしまう夫イジリをギリギリのところで夫婦愛の物語に仕立て上げるこのテクニック。のろけともｄｉｓとも微妙に異なる夫婦の記録……これはもう、立派な〝編集〟だ。

彼女のやり方を見てからというもの、なにかコツを掴んだ気がして、わたしもおかもっちゃん（夫）のことを以前より多めにツイートするようになった。彼女のことを「元祖おバカアイドル」とか言って舐めてる場合じゃない。みんなもっとユッキーナ編集長に学ぼう。

あえて知らないという愛

とはいえ、まあ、夫婦とインターネットの間には、ほどほどの距離感があった方が無難だ。それはすでに述べた通りである。そういえば、さっきのとはまた別の妊婦の友人が、めちゃくちゃSNSにハマっているらしいのだが、それは自分の身元を知られることなくママ友と触れあえるからだそうな。

自分にプレママ（妊婦）としての別アカがあることを、彼女の夫は知らない。そして、プレママ同士も、あくまでネット上の付き合いだから、彼女の素性を知らない。しかし、だからこそ言えることがある。夫に言ってもわかってもらえそうにないこと、リアルの友だちには絶対に言えないこと、そういうことをプレママ同士でつぶやき合って、励まし合って、慰め合う。そういう場所が、インターネットにはある。

「会ったこともないプレママの逆子をみんなで心配して『直りますように！』『念を送るね！』とか言うんだよ〜」と友人が教えてくれた。それはプレママにとって、気休めなんかじゃなくて、お守りになる言葉なんだろう。ときどき電車の中などで、夢中になってSNSを見ている母親たちがいるけれど、あれも単なる暇つぶしじゃなくて、仲間を支え、仲間に支えられている最中の姿なのかもしれない。

だとすれば、そこに「あなたのことはなんでも知っておきたいからプレママアカ教えて！」などと言って夫が介入するのは、はっきり言って野暮だ。お前はすっこんでろという話である。むしろすっこんでてくれた方が、うまくいく。それは相手に対する無関心を意味しない。相手への関心は、ネット以外の部分で示せばそれで十分だ。

インターネット以前と以後で、夫婦のあり方は良くも悪くも変わってしまった。それにどれだけ対応できるかで、夫婦の暮らしもまた変わっていく。つまり、いよいよただまっすぐに愛するだけではどうにもならない時代になったというわけだ。ひー大変だ。でも、やるしかないのである。大好きなひとと夫婦であり続けたいのならば。

11

失踪する夫婦たち

この本を書くために、夫婦が出てくる作品ばかり観賞するという、ある意味ものすごく偏った文化生活を送っているわけだが、何度チャレンジしても「ようわからん！」となってしまうのが、夫／妻の失踪モノ。事故に巻き込まれたとかならともかく、自ら進んで失踪を選ぶ夫／妻の気持ちにいまひとつ寄り添えない。なんで失踪なんだろう。ふつうに別居とか離婚したんじゃダメなのか。夫婦の複雑さをまるでわかっていない奴の発言っぽくて申しわけないが、本当にわからない（のでわかりたい）。

夫の失踪＝アイデンティティの崩壊

「手入れされた庭に／花が鮮やかに咲き／外国人の美しい奥さんと／可愛い娘に／家庭思いのご主人／絵に描いたような／幸せな家庭／正岡さんちの日曜日」……山本美希のコミック『ハウアーユー？』（二〇一四年）は、誰もが羨むような家庭を舞台に、夫の失踪と妻の崩壊を描く。

いつも通りに出かけたはずの夫・明が帰ってこないことを心配した妻のリサは、夫の携帯に電話をかけるが、携帯は家に置きっぱなし。警察に届けを出し、知人に電話をかけまくり、「あの人は大事なことは何でも手紙で伝える人だった」ことを思い出し、触れてはいけないはずの手紙の束にまで手をつけてしまうリサ。しかし、失踪の原因はわからないままだ。

専業主婦であるリサにとって、夫の失踪は、収入源の消失を意味する。また、外国人である彼女が日本で暮らしていく上で、夫のサポートは必要不可欠だったはずだが、こちらも消失。生活の基盤を失ったリサは、経済的にも精神的にも追い詰められ、自分の存在理由を見失ってしまう。

ちなみに、この夫婦には娘がひとりいるが、父の失踪によって壊れてゆく母から目をそらすようにして、色恋沙汰にうつつを抜かしている。どんどんおかしくなっていく母親を見ていられないのはわかるけど、あなたがお母さんを見捨てたら、余計たいへんなことになるのでは……。

「妻として」がダメになっても「母として」があるじゃないか、リサがんばれ！と思っても、娘がその設定に乗っかってくれない。ただ、娘に期待できない代わりに、隣家に住むナツミ（通称ツミちゃん）という女の子が強力な助っ人になってくれるのが唯一の救いだ。が、まだ幼い上に、結局のところ部外者であるツミちゃんの力ではどうにもならないことも多い。

いや、ツミちゃんががんばろうが、娘が気持ちを入れ替えようが、結局リサが明のことを愛しているうちは、「妻として」生きるしか道はないのだ。愛なのか、執着なのかわからないけれど、リサはとにかく夫が好き。そのため夫婦関係は上っ面のみ保たれ、深層でリサの心は壊れ続けることになる。それ自体も結構な地獄だが、さらに地獄なのは、生活のためパートタイムの仕事をはじめたリサが、とても不器用だと判明する展開。家事労働はめちゃくちゃ得意なのに、それ以外の労働となるとてんでダメになってしまうリサは、今後「妻として」「母として」生きられるかが微妙な上に「社会人として」生きる道も開かれていないのだ。「あなたはここにいてよいひとです」「あなたのことが必要です」と言ってもらえないリサが不憫すぎて、なんと言葉をかけてよいかわからない。そして、こうなることを織り込み済みで失踪したっぽい夫の明は、本当に残酷な男だと思う。もちろん彼には彼の事情があるんだろうけれど、それでもやっぱり、この仕打ちはないぜ、明よ。

夫の失踪を乗り越えて

社会人として生きる道が残っていれば（自分で稼ぐことができれば）、夫に失踪されてもなんとかなるのでは？　という可能性をさらりと示して見せるのが、豊田徹也のコミック『アンダーカレント』（二〇〇四－五年）だ。舞台は、久しぶりに営業を再開した銭湯。またお風呂に入れるぞと喜ぶ常連さんたちには、訊きたくても訊けないことがある。それは、店主であるかなえの夫・悟が帰ってきたのかということ。悟もまた、明と同じく、なんの予兆もなく失踪した夫だ。

結論から言うと、悟はまだ帰ってきていない。しかしかなえは、失踪前の生活に少しでも戻すべく銭湯を再開させ、さらに友人の勧めで探偵の山崎を雇い、夫を捜してもらうことにする。やはり稼ぎがあると、探偵とかもすぐに雇える。話が早い。

「人当たりがいい面倒見がいい責任感がある／そんなのはその人がその人たりえているモノとはなんの関係もないですよ／いやむしろ自分が本来持っているモノを見せないためのアリバイ作りでしかない／話を聞いてる限り僕には彼が自分の本質を周囲に見せまいとする隠蔽作業を続けていたという絵しか浮かばないな」

……これは、かなえから聞き取り調査をした山崎の感想だ。この言葉がきっかけとなって、かなえは、悟のことを本当に理解していたのか、という問いと向き合うことになる。それは当然、失踪の原因が自分にあったのではないかという問いにも繋がっていく。

本作のクライマックスは、かなえが山崎によって発見された悟と再会するシーンだ。これは一種の答え合わせである。失踪の原因は何だったのか。その答え如何によっては、この夫婦が最初から不完全だったということにもなりかねない(不穏)。

夫婦再会の席で明かされたのは、悟が虚言癖の持ち主で、呼吸するように嘘をつき続けていたということ。しかし悟は、そんな人生の途中でかなえと出会い、本当のことを打ち明けたいと思うようになっていた。つまり、かなえは愛されていたのだ。しかし、悟は結局嘘つきの自分を捨てられぬまま、かなえの前から逃げ出した。そして全ての嘘は、山崎の調査によって暴かれたのである。

とんでもない虚言癖を持つ男が自分の夫であり、そんな彼の心を救えなかったのだと知ったかなえは、彼と別れ、銭湯を引き続き経営する。彼女の心は確かに傷ついている。回復にも時間がかかるだろう。失踪する夫婦たちという本稿のテーマとは直接関係ないので省略するが、かなえは大変トラウマティックな過去を持つ女なので、そこに失踪の件がプラスされるのは、かなりキツい。しかしそれでも仕事がある。稼ぎがある。銭湯の女主人として必要とされる人生がある。それはかなえにとって、どんなにか心強いことだろう。

11 ……………………… 失踪する夫婦たち

待たされるのはいつも女！

夫婦の失踪モノには、どちらか一方ではなく、「夫も妻もどっかにいっちゃった」というパターンもある。映画『パリ、テキサス』（ヴィム・ヴェンダース監督、一九八五年）は、子持ちの夫婦がある日を境に一家離散状態となり、その四年後に夫であるトラヴィスがテキサスの砂漠で行き倒れになっていることを知った弟のウォルトが、なんだかちょっと様子の違っちゃってる兄をひとまず保護し、自宅に連れ帰るところからはじまる。

失踪中に一体なにがあったのか、兄はなかなか語ろうとしない。しかし、少しずつ弟やその妻と打ち解け、弟夫婦が親代わりとなって面倒をみてきたトラヴィスの実子・ハンターとも距離を縮め……というタイミングで、そういえば妻のジェーンはどこにいったんだ？　という話になり、トラヴィスとハンターは親子でジェーン捜しの旅に出るのだった。

つまり『パリ、テキサス』の前半は、兄と弟によるロードムーヴィーで、後半は父と息子によるロードムーヴィーなのだが、いずれのターンでも待たされるのはいつも女！　失踪した夫と空想の中で好き勝手に会話している妻のジェーンを見ていると、失踪人を待ち続けるひとが妄想力で心の傷を癒そうとしているようにしか思えない（彼女自身も失踪人なのに彼女の方が待たされているし傷ついている）。また、ウォルトの妻・アンは、息子同然に可愛がっていたハンターがいきなり旅に出たため動揺しまくっているが（ハンターから電話をもらうが正確な居場所を突き止めるには至らず）、彼女もいなくなってしまった男を待つ女という意味では、ジェーンと似たり寄ったりである。そういえば『ハウアーユー？』も『アンダーカレント』も妻が待つ側だった。これだけ待つ妻が多いことを考えると、『ゴーン・ガール』（デヴィッド・フィンチャー監督）が夫ではなく妻の失踪を描いて大当たりしたのは、結構珍しいことだったんじゃないかという気がしてくる（『ゴーン・ガール』のあらすじ等については第7章で取り上げたので割愛）。フィクションにおける夫／妻の失踪率については、今後も引き続き調査していきたい。調査して何に役立てればいいかはいまいちわからないが、気になる。

夫、失踪したってよ

フィクションにおける夫／妻の失踪と言えば、忘れちゃいけないのが村上春樹である。脅威の失踪率を誇る村上作品の中でも、意味不明であるがゆえにお気に入りなのは『東京奇譚集』（二〇〇五年）に収められている「どこであれそれが見つかりそうな場所で」という短編だ。

あらすじはこんな感じ。メリル・リンチに勤める四十歳の夫とその妻は、品川区にあるタワマンの二十六階に住んでいて、生活上のトラブルは特にないのだけれど、ある日突然夫がいなくなってしまう。失踪当日、同じマンションの二十四階に住む母の部屋に行った夫は、「今から階段を上ってうちに戻る」と妻に電話をかけた。しかもその電話の中で「お腹が空いたよ」とまで言っている。そこで妻は、朝食用のパンケーキを焼き、ベーコンを炒めはじめるのだが、待てど暮らせど夫は帰ってこない。

「夫はそこで消えてしまったのです。煙のように。それ以来まったく音沙汰はありません。24階と26階を結ぶ階段の途中で、痕跡も残さず、私たちの前から姿を消してしまったのです」……消え方が大胆すぎる。たった二階分の距離で何が起こったんだ。事故だとしても、計画的な失踪だとしても、すこぶる後味の悪い消え方である。

しかし妻の行動は迅速かつ的確だ。警察に届けも出せば、探偵も雇う。妻はただメソメソしながら夫の帰りを待っている女ではない。適切な行動を取れる女である。

だが、そんな妻の努力は実を結ばない。なぜなら夫が失踪から二十日後に仙台駅で発見されたからだ。二十日分の記憶と十キロの体重を失った髭だらけの夫。

なんで仙台なのか、なんで喰うや喰わずの風体なのか、まるでわからない。しかし、そんなことより、失踪した夫も、失踪された妻も、まるで何事もなかったかのように日常に戻っていくのがすごい。失踪が夫婦関係の破綻や失効を意味する作品が多い中、彼らだけは妙にタフ。失踪って、考えようによっては「愛する人のちょっとした死」ですよね？　なのになんでそんなに平常運転なの？

あ、もしや、この夫婦にとって、愛の価値自体があんまりなかったりして……？　失踪モノにおいて、失踪と喪失感の間を繋ぐものは、いつだって愛だ。みんな誰かを見苦しいほどに愛し、だからこそ失踪の苦しみにのたうち回る。しかしその愛がそこまででもなければ、喪失感もそこそこだろう。この夫婦の「まあいっか」感がそこから来ているのだとしたら、失踪モノの中でも群を抜いてドライだというか、もはやホラーじゃんとも思うが、吾妻ひでおの実録コミック『失踪日記』（二〇〇五年）でも、吾妻先生の失踪に関して奥さんがまるで動じていない風なので、ドライというよりは、長く連れ添った妻だからこその貫禄、ってことなのかもしれない。まあ、そういうことにしておこう。深く考えるとこわいから。

12

君は誰と酒を飲む？

この世に「絶対」などない、と言われることがある。たしかに絶対というのは、なかなか難しい。が、しかし、お酒のＣＭに出てくる夫婦は、絶対に仲良しである。いま心がささくれ立っていて、優しい世界しか見たくない人、および、この世に絶対があると思いたい人は、いますぐパソコンを立ち上げ、「お酒　夫婦ＣＭ」で検索して欲しい。どの夫婦も絶対に仲良しだから。

妖艶な着物美女からチャーミングな妻たちへ

かつてお酒のＣＭと言えば、「男と旅」の組み合わせが鉄板だった。開高健《かいこうたけし》が世界を旅するウイスキーのＣＭなんかは、そのド典型と言っていい。雄大な自然を背景に、キャップに注いだウイスキーをキュッとやる開高先生は、いかにも孤独を愛する男って感じ。このほかにも、「イイ女は遠きにありて思うもの」みたいな、男一匹の美学を推すＣＭが少なくない。

その次に多いのが、男女混成チームでワイワイ楽しく飲み散らかすパターン。

つまり孤独を愛する男の逆張りである。お酒はみんなで飲んでなんぼでしょ、盛り上がって行こうぜ、の世界。これはこれで需要があるだろうことは容易に想像できる(今でも似たようなCMをよく見るし)。

で、もうひとつの勢力として存在するのが、男女関係を描いたCMだ。それが恋人であれ、夫婦であれ、男女を描いたCMでは、女の色気がとんでもないことになっている。非現実的なまでに色っぽくて、生活感がないパターンが多い。

だいたいは、有名女優が着物を着て、しっとりとした雰囲気を醸し出している。この手のCMとしては、大原麗子の「すこし愛して、なが〜く愛して」(サントリーレッド)があまりにも有名だが、仕事やレジャーで家を空けてばかりの夫に多少プンスカしながらも結局許してあげちゃうあの優しさは、完全なるファンタジーだ(ここまで妻を邪険にしたらふつう張り倒される)。

ちなみに、十朱幸代《とあけゆきよ》が出てくるお酒のCMもしっとり妖艶系なのだが、彼女に至っては、お酒のCMだけじゃなく、シーチキンのCMでもしっとりしているかららすごい。シーチキンで妖艶って何だよと思うかもしれないが、本当なのだ。シーチキン片手に、物憂げな表情をする和服の十朱幸代。ちなみにセリフは一切ない。こんなCMでわれわれにシーチキンを買わせようとしていた時代が確かにあったのだ。

十朱幸代のすごさにやられてやや脱線したが、話を戻すと、ちょっと前まで、お酒というのは基本的に男のもので、ひとりで飲むか、仲間と飲むか、生活感のない女と飲むか……このあたりがちょうどいい塩梅だったようだ。

しかし、時代は変わった。生活感のない女は角ハイボールを作る小雪or井川遥くらいのものとなり、それに代わって、生活感あふれる（しかしチャーミングな）妻たちが台頭してきている。たとえば宮﨑あおいと宮藤官九郎による杏露酒《しんるちゅう》のCMは、ご飯を食べたり、ババ抜きをしたり、ホラー映画を観たりする夫婦の掛け合いが見所となっているが、妻は着物なんか着てないし、とくにしっとりもしていない。そもそも、このCMにおけるお酒は、妻が夫に「お疲れさま」とか言って注ぐものですらないのだ。ふたりの関係は大変にフラットで、まるで放課後の部室にいるクラスメイトのよう。夫の呼び方が「あなた」ではなく「あんた」なのも、鬼嫁というよりは、気の置けないふたりの関係性を表現しているようで好ましい。この夫婦を見ていると、お酒も、お酒のCMも、男のためだけのファンタジーではなくなったのだということがよくわかる。

板谷由夏と唐沢寿明によるビールのCMも風通しのよい夫婦関係をよく表している。サラリーマンとおぼしき夫が自宅へと帰ってくる。夫は疲れているらしく、玄関からまっすぐ冷蔵庫へと向かい、缶ビールを取り出す。彼はそれを自分でグラスに注ぎ、ゴクリとやるのだが、その瞬間、周囲の景色は一変し、彼は高い山の頂へと押し上げられる。ビールを飲み干す時の爽快感を、商品名の「頂《いただき》」とうまく絡めてダイナミックに表現しているわけだが、その直後、妻が出てきて夫の肩をポンと叩き、ごくふつうのテンションで「ちょうだいよ」と言う。そこまでおねだり感のない、淡々とした「ちょうだいよ」。妻が夫の帰りを待つ、という描写こそあるものの、夫にビールを注いでやるでもなく、ただ「ちょうだいよ」と言うだけの妻。サバサバしてて最高だ。

山の頂に立つのは、夫だけじゃない。妻にだって、ビールを飲み、爽快感を味わう権利がある。男の仕事、男の疲れ、男の酒……そんなものばかりがクローズアップされる時代は、確実に終わりを告げつつあるのだ。まあ、不景気だし、「家飲み」の良さをアピールしないとどうにもならない、という事情もあるのだろうが、酒については夫婦平等、というイメージが打ち出されていること自体は、悪くないんじゃないだろうか。

金麦は健気ポルノ!?

そうなってくると、「じゃあ金麦の憧れいはどうなるのか」という疑問が頭をもたげだす。あのCMには、フラットな夫婦関係なんてものは一切表現されていなかったじゃないか。

この夫婦の描かれ方については、放送当時さまざまな議論があったと記憶している。放送直後は男性視聴者による絶賛が目立った。檀れい、可愛い。檀れい、最高。俺もあんな女房に待ってて欲しい。そうした称賛がぶわっと噴きだしたあと、今度は批判の声が上がりはじめた。批判の中心にあったのは、あの妻が「愛人みたい」というものだった。

なぜ彼女が愛人みたいに見えるかというと、やけにテンションが高いからである。たとえ新婚ほやほやだとしても、夫が帰ってくるのをあそこまで全力で待っている妻はなかなかいない。めったに来ない男をいじらしく待っている愛人のようだと言われても仕方がない。

シリーズ全作を一気見するとわかるのだが、この妻は気持ちが先走りすぎである。無駄な動きが多い。わちゃわちゃしている。なにか食べるときも、自分にとっての適量をど忘れしているので、口から食べ物がはみ出したり、落っことしそうになったりしている。いいから落ち着け。

これを無邪気な愛情表現と思える人は幸せだ。わたしは底意地の悪い女なので、「いや、どんなに嬉しくても、食べるときはふつうに食べられるだろ」と思ってしまう。もっと言ってしまえば、彼女のやっていることが、過剰な感情労働に思

12 ……………………… 君は誰と酒を飲む?

えてきて、見ていられない。

　勝手にいろいろ想像して、勝手につらくなってしまうのは、夫の姿が見えないせいである。このＣＭには、いわゆる夫役がいない。夫の代わりを務めるのは、カメラだ。カメラが夫の視線を代理し、妻の姿だけがひたすら映し出されていく。身体を持たぬ夫は、何も言わないし、なにもしない。

　この一方的な視線のありようが、彼らの関係をも暗示しているようで恐ろしい。物言わぬ夫に向かって、わちゃわちゃして見せる妻って、よく考えたらホラーじゃないか。あるいはそれぐらい大袈裟にしないと夫に気持ちが通じないということであれば、単純に不憫である。だから、ひとまず「夫婦じゃなくて、たまにしか会えない愛人です」ってことで片付けたくなる。これが本妻だったら、なんてことはできれば考えたくない。

　しかし、檀れい支持派は、夫の視線しか存在しないからこそ、この物語にのめり込めたのだろう。姿の見えない夫に自分を代入して遊ぶその仕組みは、男性向けポルノグラフィーととてもよく似ている（男の身体をなるべく映さないように工夫してるＡＶとか、あるじゃないですか）。

　考えれば考えるほど、金麦ＣＭが他のＣＭとは違っていたことがはっきりしてくる（補足しておくと、金麦〈糖質75％オフ〉という姉妹商品のＣＭでは、金麦歴五年の戸田恵梨香が金麦歴ゼロ年の大森南朋を指導するという設定。本家金麦とはテイストがまるで違うがゆえに、檀れいの特異性をより際立たせているのがおもしろい）。しかし、これがひと昔前のＣＭであれば、なんの違和感も抱かれなかったと思う。そう、お酒が男のものだった時代ならば、はしゃぎまくる妻は男のためのファンタジーとして、これ以上ないほどうまく機能しただろう。檀れいが体現しているのは「すこし愛して、なが〜く愛して」の世界であり、彼女は二代目・大原麗子なのだから。

夫婦でお酒がファンタジーになるとき

養命酒のＣＭに出ている藤井隆と乙葉は、夫婦役ではなく本物の夫婦である点が前述のＣＭ群とは違っている。本当に文句のつけようがない円満ぶりだ。ホームページにアップされているオフショットの類も含めすべてが完璧。これで仮面夫婦だったらわたしは泣く。

ふたりはもともと芸能界きってのおしどり夫婦として知られているから、こういうオファーが来るんだろうと想像するが、この夫婦には若干変わったところがある……夫が妻の見た目を好きだと言ってはばからないのだ。

「顔がすごい好きなので、いいやってなっちゃう。ケンカにはならない」「僕はわりと顔主義です。髪の感じとか外見が好き」「好きな顔が暗くなるのを見たくない」……これらはいずれも藤井の発言であるが、外見至上主義が一周して妻へのゆるぎない愛になっているのがわかる。人間、大事なのは見た目より中身、とか言うけれど、見た目先行で好きになった相手と結婚し、仲良くやっているひとたちもいるのだ。

彼らを見ていると、愛のような形のないものに囚われると、かえって愛から遠ざかっていくのではないかと思わされる。見た目先行だっていいじゃないか。それでお互いを思いやれるなら。

ＣＭの中では、リアル／フィクションどちらの夫婦も一緒にお酒を飲んで、喋って、笑っている。一緒にお酒を飲めるということは、そこに夫婦のコミュニケーションが成立しているということであり、コミュニケーションの大切さを描くことがお酒のＣＭの要件であるとも言える。

だとすれば、夫婦とお酒の間には、看過できない問題が横たわっている……お酒を飲むことでコミュニケーションが成立するのか、コミュニケーションが成立しているからお酒が飲めるのか、という問題が。現在のＣＭの流れは、もちろん後者だ。友だちのようなフラットな関係が基礎にあってこそ、お酒の時間が楽しいのである。しかし、現実世界はどうだろう。酒の勢いを借りないとコミュニケーションが成立しない夫婦もいそうだし、もうお酒を一緒に飲むなんてことすらしていない(したくない)夫婦もいそうである。そういう夫婦にとって、仲良し夫婦の飲酒シーンとは、自分たちから最も遠いファンタジーであり、それこそ「絶対」に叶えられない夢なんじゃないだろうか。

13

亭主極道で留守がいい!?

ドンパチに興味がない、という超単純な理由でスルーしてきた『極道の妻《おんな》たち』シリーズを試しに観てみたら、見どころ満載すぎてのけぞった。なんだこれ、思ってたんと違う。ドンパチ＝ヤクザの抗争は添え物なのではと言いたくなるくらい、夫婦の物語じゃないか。タイトルに「妻たち」とあったところで、どうせ自分とは関わりのない世界に暮らす妻たちの話で、なんの参考にもならないと思っていたが、そんなことはなかった。それどころか、示唆に富みまくっている。というわけで今回は、極妻をヤクザものではなく夫婦ものとして観てゆくことにしたい。

毎日男気を食う!?

ご存じない方のために説明しておくと、極妻には、東映制作のものと、東映ビデオ制作のものがある。今回わたしが取り上げるのは、一九八六年から九八年にかけて制作された東映制作の全十作。東映版が「第一期」で、東映ビデオ版が

「第二期」といった感じだろうか。

第一期の「姐さん」は、基本的に岩下志麻が演じている（岩下志麻→十朱幸代→三田佳子ときてふたたび岩下志麻に戻る。ちなみに第二期の姐さんは高島礼子と黒谷友香）。ずっと岩下が主演だが、続きものではなく、舞台となる場所や人物関係は毎回変わる。つまり、いろんな土地に暮らすいろんな姐さんを岩下が演じ分けているのだ。そのため夫婦のありようもいろいろである。

第一作『極道の妻たち』（五社英雄監督、一九八六年）での岩下は「粟津の姐さん」と呼ばれ、服役中の粟津組組長に代わって組を取り仕切っている。この姐さんは「懲役やもめの会」というのを主催していて、夫が獄中にいる極妻たちを定期的に集めては、ど派手な宴会を開く。組員だけでなく、その妻の面倒までちゃんとみる姐さん……相当のやり手である。

その宴会中、妻たちが欲求不満について話すシーンがある。夫が獄中にいるのだから、当たり前だがセックスはできない。この状況、たとえるなら夫が海外に単身赴任しているようなものである（家田荘子の原作には「アメリカにいた時」という隠語があると書かれている。やはり服役は海外赴任なのだ）。「淋しいなあ、わてのアソコ。もう蜘蛛の巣だらけや」といった言葉で己の不遇を嘆く妻たちをよそに、粟津の姐さんは涼しい顔をしている。

姐さん「なんともないで。わては」
極妻Ａ「ほんまですか？」
極妻Ｂ「ほな、なんで姐さんそないに色気おますの？」
姐さん「そら毎日男食うてるからや……男気っちゅうやつをな！」

五百人を超える組員をひとりで束ねる姐さんは、毎日男気を食っているから欲求不満にならないと言う。なんかカッコいい。しかし、よく考えてみればこれはおかしなロジックだ。組員と浮気するとかならともかく、男気をどれだけ食ったところで、女としての淋しさは消えないのでは……？　しかし、実際のところ姐さんは、男気の摂取のみで、三年におよぶ夫の不在を見事やり過ごすのである。

粟津の姐さんだけでなく、極妻の姐さん方はみなおどろくほどストイックかつ貞淑だ。全十作の中で、姐さんが浮気するのは『新・極道の妻たち　覚悟しいや』（山下耕作監督、一九九三年）のみ。この浮気は、夫を守るために人を撃ち、刑務所送りになった姐さんが、面会に来た組の者から「最近の親分は結構ヘタレです」（要約）みたいな話を聞いてしまい、すっかり呆れかえった結果、出所後に一夜限りのアバンチュールを楽しんだ、といった具合なので、まあ、それぐらいの浮気は許されてしかるべきだろう。命がけで夫を守り、懲役刑まで科されているのに、シャバの夫がヘタレでは愛想も尽きるというものだ。

つまり、よほどのことがない限り、姐さんは浮気をしないのである。それぐらい、夫に惚れ抜いている。夫が獄中に何年いようが、お妾さんを何人囲っていようが、極道の男としてしっかりやっている限り、妻の愛が途絶えることはない。その意味で極妻とは、キラキラ少女マンガも顔負けの純愛物語なのだと言えなくもない。

「飲む・打つ・買う」をやりまくりの夫を愛し続け、いざとなれば夫に代わって組の仕切りまでできてしまう妻。どう考えても、男にとって都合が良すぎる。そんな妻が実在したら、随分と頼もしいだろうが、その一方で、男の沽券にかかわると感じるひともいそう。勝手にプライドを傷つけられて、「俺の存在意義とは?」とか面倒くさいことを言い出しかねない。やはり「できのいい姐さん」というのは、完全なるファンタジーであって、現実の男を脅かさないからこそ、人気があるのかも。

しかし、このファンタジーを妻の側から見たとき、愛する夫のためにいろいろとがんばった妻が、全方位的に成功を収める展開は、かなり胸熱なファンタジーである。なぜ胸熱か。その理由を、先述の「アメリカにいた時」のたとえを使って考えてみよう。たとえば、わたしの夫が商社かなんかに勤めていて、単身アメリカに行かねばならないとする。普通なら、妻のわたしは、ひとまず日本で待っているしかない。しかし、ここに極妻的世界観を導入すると、わたしは夫の代わりに出社して、夫の部下に指示を出し、業績をガンガン上げることになる。そして休日には同じく海外赴任中の夫を持つ妻たちと飲み会をやるのだ。しかも全額わたしのおごり。あり得ない。しかし痛快だ。愛する男のために働いて、それぐらい実力を示せたら、最高じゃないか。

なり上がるかたせ梨乃

女はすっこんでろ、が基本であるはずの極道社会において、女がどんどん前に出て行く。極妻シリーズを一気に見ると、そうしたプロットがいかに大事にされているかがわかる。極道の男を好きになったばっかりに大変な目に遭う妻たち、という道具立てを表層ではキープしつつ、その深層では、究極の男社会における妻たちの地位向上物語が進行していくのだ。

妻たちの地位向上については、かたせ梨乃が演じる役を観察するとよくわかる。第一作では、かたせ演じる真琴が、ヤクザの杉田にレイプされ、なし崩し的に夫婦になる。ヤクザ役が世良公則だから「イケメン無罪」みたいになっているが、

姐さんについていきますっ
ええ度胸や
よかったのう
おいしいポジションじゃわい…

彼のやっていることは、真琴の人生を踏みにじることであり、到底許されるものではない。しかし、真琴はこの運命を受け入れ、極道の妻として生きていく。つまりかたせは、どうかと思うほどの受け身女子として極妻の世界に登場するのだ。

この傾向は、第二作にも引き継がれている。ヤクザの夫と別れ、カタギのシングルマザーとしてひとり娘とつつましく生きる麻美（かたせ）。しかし、彼女たちの前にふたたび前夫が姿を現す。最初こそ逃げ回ったり、全力で拒絶したりするものの、結局は熱心かつ強引な口説きに負け、彼を受け入れる麻美。こうして彼女は地味ながらも平穏だった人生を手放してしまうのだった。惚れた男に対する情け深さは、いい姐さんの条件であるが、娘のことを考えると、なんとも言えない気持ちになる。

そんなかたせに変化が訪れるのが、第四作『極道の妻たち　最後の戦い』（山下耕作監督、一九九〇年）である。服役中の瀬上組組長に代わって組のトップに立つ芙有（岩下）のところに、あるとき夏見（かたせ）と名乗る女が、子分の豊を従えてやってくる。彼女は五年前にヤクザの夫を亡くした身。「主人が死んでから、どうにもしのぎきれんで、何もかも処分して組のみんなに退職金みたいに渡したんです。ほやけどあの子（豊）だけ残って。車暮らしでした一年。姐さんとはえらい違いですわの」「山ん中で豊と射撃の練習したり。うち、ええ腕なんですよ」……夫に先立たれ、廃業寸前まで追い込まれた夏見は、子分とふたり車で寝泊まりしながら、山の中で射撃の練習をしていたと語る。話の内容もワイルドだが、衣裳も迷彩服＋ベレー帽でこれまたワイルド（傭兵みたい）。とにかく戦闘能力の高い女なんだということがひと目でわかる。

芙有はジリ貧の夏見と豊を受け入れ世話してやることにしたばかりか、組の重要な仕事を任せ、やがて「姉妹盃」までかわす。姉妹盃を希望したのは夏見だ。「親分、あたし姐さんと杯かわしたいんです」「あたし、姐さんに惚れたんです。一生死ぬまでひとつの道歩きたいんです」……刑務所で瀬上組長と姐さんが面会しているとき、付き添いで来ていた夏見はいきなりこんなことを言い出す。姐さん&組長にとっては不意を突かれた格好だが、無事姉妹盃は許可される。ヤクザ映画ではお馴染みの「兄弟盃」を、姉妹でかわす。シスターフッドの爆誕である。

夏見が望んだ姉妹盃は、芙有が「おなご同士でも盃できる思いますけど?」と助け船を出し、組長が「芙有、ええ兄弟できてよかったのう」「これからわしにとってもかわいい妹分や」と容認することで、見事成立した。女は真の極道にはなれない、どんなに威張っていても所詮は虎（組長）の威を借る狐、という考えが支配的な裏社会にあって、夏見はものすごく先進的な女だ。そして瀬上はかなり理解のある親分であり、妻思いの夫である。

そして姐さん無双へ

　このようなエピソードを差し挟みながら、少しずつ、しかし確実に存在感を強めて行く極妻たち。第十作『極道の妻たち　決着《けじめ》』（中島貞夫監督、一九九八年）のクライマックスなんて、大勢のヤクザに向かって、かたせがマシンガンをぶっ放した後、岩下が敵の親分のドタマをぶち抜く「姐さん無双」である（超受け身女子だった頃のかたせを思い出しながら見ると、その成長ぶりに泣けてくる）。夫のことは好きだが、夫がいると仕事がやりづらいという本音が見えるのも、妙にリアルだ。「女には女のけじめがおます、極道の女房としてこの出入り、なんとしてもあんたら男に譲るわけにはいきまへんのや」といったセリフにもそれが表れている。

　もはや、夫不要。それが極妻第一期の辿り着いた場所である。デキる極妻の夫たちは、故人もしくは服役中。そうじゃなければ、ヘタレだったり、政治や抗争が下手くそだったり。実際に死んでいるのでも、社会的に死んでいるのでもよいが、とにかくパワーがなくてなんぼである。

「未亡人最強説」……極妻を支えるのはまさにこの考え方だ。中でも、子どもがなかったり、勘当していたりする極妻は最強だ（逆に言うと、手のかかる子どもがいる極妻は最強にはなれない）。しかし、これは特段新しい考え方ではない。明治・大正期の少女小説の時代から、ヒロインの自立を助けてきたのは、夫の地位と名誉と遺産を自由に操ることができる未亡人たちだった。ヒロインの恋人たちも、まあ支えになるっちゃなるが、未亡人の持つ力には遠く及ばない。

少女小説から少女マンガの時代になり、恋愛観・結婚観が変化したことで、未亡人が活躍するフィクションはずいぶんと減ってしまったが、極妻の世界では未亡人的存在が大暴れしている。夫への変わらぬ愛を誓いながら、夫不在の世界でこそ輝く極道の妻たち。そのねじれから学ぶべきことは、大いにあると思う……夫諸君にはなんだか申し訳ない気がするけれど。

14

野生の夫婦たち

みなさん申し訳ない。よく考えてみたら、これまで人間の夫婦のことしか書いてこなかったわたしだ。これはまずい。夫婦になるのは人間《ヒューマン・ビーイング》だけじゃない。動物《アニマル》にだって夫婦《つがい》という概念は存在する。

動物の本能は、もう本能だけでは生きられないわたしたち人間にとって、大変に興味深いものだ。単純比較するのが乱暴だとわかっていても、ついつい動物と人間を比べたくなってしまう……動物の夫婦は、人間の夫婦となにがどう違うのか。人間の夫婦をもっとよく知るため、ひとつ動物の夫婦を観察してみようじゃないか。

浮気上等なオシドリ、モラハラ夫のライオン……

動物の夫婦と言えば、「おしどり夫婦」を思い浮かべる人も多そうだが、オシドリの夫婦は、言うほど仲よくないのだという。いきなりの肩すかしだ。

オシドリが仲むつまじく見えるのは、つがいの形成期と繁殖期にあたる五カ月程度。彼らの仲良し期間は、一年の半分にも満たない。どれだけ仲良くしていても、繁殖期に妻が卵を産み、雛が孵《かえ》ったら、そこで夫婦関係は解消となる。そして次の繁殖期には、お互い別のパートナーとペアになるのだ（ときどき間違ってマガモとペアになっちゃうオシドリもいるらしい、迂闊すぎる）。なお、夫は雛の飼育には関わらない。それはすべて妻の仕事である。

つまり「おしどり夫婦」とは、人間の勘違いから生まれた言葉なのである。仲良し期間のオシドリをたまたま目撃した人間の勝手な解釈……オシドリも妙な幻想を押し付けられてさぞかし迷惑であろう。しかし、オシドリの生態を正しく把握して、オシドリは相手をとっかえひっかえする超浮気者！　とか言うのも、それはそれで迷惑な気が……。

人間の倫理観で動物の生態をジャッジする遊びには、ジャンクフードのような中毒性がある。食べたところで栄養にならないとわかっていても、ついつい手が伸びてしまうこの旨さはなんなんだ。やめられないとまらない。

ちなみに、最近の人間は、動物が「ざんねん」かどうかジャッジするのに夢中だ。髙橋書店の『おもしろい！　進化のふしぎ　ざんねんないきもの事典』（二〇一六―）シリーズは、すでに第三弾までリリースされており、他の出版社からも似たようなコンセプトの本がいっぱい出ている。動物の「ざんねん」さを素直に面白いと思えるか、「生き延びるための本能を小馬鹿にしやがって！」とキレるかは、ひとそれぞれだろうが、とにもかくにも、人間は己の物差しで動物をジャッジするのが好きで好きでしょうがない。もちろん、この原稿を書いているわたしとて例外ではない。懸命に生きてるんだから「ざんねん」とか言ってやるなよ〜と思いつつも、聖人君子ではないので、動物の不思議な習性をおもしろがる気持ちがないわけじゃない。

動物の夫婦に話を戻そう。人間がこんなことを言っていると知ったら秒速で噛み殺されそうだが、ライオンの夫たちは、かなり自分本位なモラハラ野郎である。ライオンの妻には、自分の産んだ子どもが群れに合流できるくらい成長したら、夫と引き合わせるという儀式がある。夫は子どもを検分し、自分の子どもだと認めればかわいがるが、そうでなければ、容赦なく殺す。子どもを殺された妻は再び発情、また夫の子どもを孕《はら》むことになる。子どもの生殺与奪権は、すべて夫にある。

夫に子ライオンが実子であると認めさせても、まだ油断はできない。子どもの命を守った後は、自分の命が危ないのだ。というのも、狩りをするのはメスライオンなのに、その獲物を最初に食べるのはオスライオンなのである。なんと、妻が捕まえた獲物の半分近くが夫に食べられてしまう。わずかな残りを子ライオンたちが食べてしまえば、メスの取り分はないに等しい。狩りがうまくいかないと、子ライオンにすら食べ物が行き渡らないこともあるので、妻は空腹がデフォルト。エサに近づこうとしただけで、夫にマジギレされることさえある（もはやモラハラとかいうレベルじゃない！）。

子どもはヘタすると殺されるかも知れず、獲物にはなかなかありつけない。ライオンの妻はめちゃくちゃ大変である。こうなってくると、期間限定とはいえ、夫婦仲良くできているオシドリの方がまだ平和である。

しかし、ワガママの限りを尽くしている夫であっても、うっかり他のオスに群れを乗っ取られようものなら、すぐさま群れから追放されてしまう。まさに弱肉強食。うまいこと別の群れを乗っ取れればいいが、追放された時点ですでに老ライオンであれば、そのまま野垂れ死にする可能性もある。で、乗っ取られてしまった群れがどうなるかというと、前夫の子は殺され、妻は新しい夫との子を身ごもることになる。群れからの追放、残してきた子どもの死、そして妻の寝取られ。なんだこの「事業に失敗して何もかも奪われたワンマン社長」みたいな人生は。つらい。つらいけど、人間界にもよくある、こういうの。

愛に殉じるオオカミ

動物の夫婦は本能優位すぎて絆とかありません、みたいな話ばかりしてしまったが、『シートン動物記』（初邦訳は一九三〇年代とのこと。歴史が長い!!）には、泣けるほど仲良しの夫婦が登場する。ロボと呼ばれるオオカミと、その妻・ブランカだ。

アメリカのニューメキシコ州にカランポーという名の牧草地帯があって、そこには、たくさんのウシやヒツジがいるのだが、これを狙うのがロボたちハイイロオオカミである。彼らは、たった五匹のメンバーで、とんでもない数の家畜を殺す。ことにリーダーであるロボがあまりに強くてデカくて狡猾なので、地元のひとは彼を「ロボおやじ」とか「大王」と呼び、大いに恐れているのだった。

かれらのおこのみの毎日の食べ物というと、わかい雌ウシのころしたてで、それも、やわらかなところだけだった。年よりのウシはおことわりだ。子ウシや子ウマもそうほしがらない。

ヒツジの肉がすきでない、ということも知れわたっていたが、ときどき、なぐさみにヒツジをころすことはあった。一八九三年のある夜など、ブランカと

14 …………………… 野生の夫婦たち

黄色オオカミだけで、二百五十ぴきのヒツジをころした。だが、これはまったくおもしろはんぶんにやってのけたことで、肉は一口も食っていなかった。

そんなわけで、ロボの首には、大きな賞金がかけられていた。また、ロボをしとめるために、いろいろくふうをこらし、どくがしかけられたが、ロボはいつもそれをかぎつけて、その手にはかからなかった。

（E・T・シートン『シートン動物記（1）　おおかみ王ロボほか』阿部知二訳、講談社青い鳥文庫より）


これを読めばわかるように、ロボたちはすごくグルメなオオカミである。旨い肉しか食わない。そして、ヒツジ殺しは、食うためにやっているのではなく、純粋なる娯楽だ。彼らはどう考えても人間の敵である。しかし、めちゃくちゃ頭がいいので、どんな罠にもひっかからない。放埒に見えて、実は慎重。なかなか尻尾を摑ませない。少年マンガの冒険モノにでも出てきそうな、堂々たるヒールっぷりである。

カランポーに牧場を持っている男がシートン先生にオオカミ退治を頼んだことにより、物語は大きく動き始める。さまざまな試行錯誤を経たのち、先生が気づいたのは、ブランカの無鉄砲さだった。少しでも異変があれば、用心深く行動するロボとは違い、ブランカは好奇心が先立ってしまう。そこでシートン先生は、まずブランカを罠にかけることにした。そしてこの計画は見事成功を収めたのだった。

するとロボの調子が一気に狂い出すのである。なんとも切なげな声で鳴き、あちこちうろつき回り、どうにかしてブランカを見つけようとするロボ。もはや正気の沙汰ではない。「これで、はっきりわかったよ。ブランカは、やっぱりロボのおかみさんだったんだ」……前から夫婦だろうと思われていたロボとブランカだが、ロボの尋常ならざる行動を見て、シートン先生は二匹が夫婦であることを確信する。

大王とまで呼ばれたロボが、最後は亡き妻を探しさまよい歩き、あっさり罠にかかってしまう結末は、あまりに哀しい（担当編集のYさんはロボの話でいまだにマジ泣きするという）。ハイイロオオカミは、夫婦の絆が強く、死ぬまで相手を変えないと言われているが、相手が死んでもなお探すのをやめないロボは、ハイイロオオカミの中でも相当愛情深いやつである。動物が「種の保存」を最大の目的として生きているのだとすれば、死んだ妻を探すことは、はっきり言って無意味だ。しかし、だからこそ、わたしたちはそこにロボの「心」を感じずにはいられない。人間にもなかなか備わってないような「心」。またの名を「愛」。愛に関しては、無垢な動物が邪念だらけの人間を軽々と超えていくということなんだろうか。そんなことはないと思いたい……が、ちょっとロボには勝てそうにない。

多様な夫婦関係を自然から学ぶ

動物の夫婦は種の保存を最大の目標としており、夫婦は、子産み&子育てを前提としたユニットである……といった言い方は、人間が動物をざっくり把握するために使う方便であって、実際の動物たちは、実に複雑かつ多様な夫婦関係を結んでいる。モラハラのライオンもいれば、妻にぞっこんのオオカミもいる。ちなみに、先日Amazonプライムで見たBBC制作のドキュメンタリー『動物のスーパー子育て術』（二〇一五年）によれば、浮気するアホウドリがおり、離婚するテナガザルがいるとのこと。動物の夫婦にも、いろいろいるのだ。

むろん、人間の夫婦は動物以上に複雑かつ多様である。本能による縛りがゆるいわたしたちは、種の保存だけを考えてパートナーを決めるわけではない。動物にとってはどうでもよい部分が結婚の決め手になることも多い。かくいうわたしも、種の保存は完全に二の次という気持ちで結婚を決めた。「かすがい」としての子どもに恵まれなくても仲良くやっていけそうな、優秀な友だちを夫にした（夫婦間では、わたしが磯野カツオで夫が中島ということになっている。野球やろうぜ)。

そういう手前勝手な生き方に口出ししてくるお節介なひとがいなくはないが、「勤労・納税・教育」の義務を果たしていれば、この社会にとりあえずの居場所は確保できるし、放逐されることもない……と思いたいけれど、いま現在、パートナーシップの多様性よりも「伝統的な家族観」の重要性を打ちだしたがっているこの国で、わたしたちのような夫婦がすこやかに生きていけるかは、ちょっとわからなくなってきている。面と向かって「生産性がない」とか言われる日も、そう遠くないのかもしれない(いやだなあ)。そうなったら、人間界よりよっぽど多様な夫婦関係を許容している動物界で暮らそうかな……。

15

夫婦は遠くにありて思うもの

樹木希林が亡くなった。七十五歳だった。おばあちゃんと呼んでいい歳なのに、老齢ならではの弱さとか頼りなさみたいなものがぜんぜん感じられない、なんとも不思議なひとだった。ずっと死なない気がしていたけれど、全身をがんに冒されていたのだから、いつ亡くなったっておかしくなかったのだ。なのに油断していた。油断していた分、ショックも大きかった。

悠木千帆という芸名を競売にかけたとか、マネージャーはつけず仕事はすべて自分で管理しているとか（ギャラの交渉が大好き）、エピソードがいちいち濃くて最高なのだが、やはり樹木希林と言えば、夫・内田裕也との別居婚である。一九七三年に結婚するも、一年半で別居状態になり、一九八一年に内田が断りなく離婚届を提出した際は、訴訟を起こし勝訴。以後、樹木が亡くなるまでふたりの別居婚は続いた。

なぜ別居婚だったのか。離婚し元夫婦として仲良くやるんじゃダメだったのか（明石家さんまと大竹しのぶのように）。そんな風に考えるのはわたしだけじゃない。

娘の内田也哉子も「長年、私の心のどこかで許しがたかった父と母の在り方へのわだかまり」という言葉で両親への複雑な思いを吐露している。ちなみに也哉子は、「なぜ、こういう関係を続けるのか」と母親に訊いたことがあって、そのときの返答は「だって、お父さんには、ひとかけらの純なものがあるから」だったそうな。すごい。ロック・ミュージシャンである夫よりもよほどロックだ。

同居はマストか？

民法第七五二条には「夫婦は同居し、互いに協力し扶助しなければならない」とある。つまり、何か特別な事情がない限り、夫婦は同居するものなのだ。しかし、歴史を遡れば、別居こそが結婚のスタンダードだった時代もある。

はるか昔、古墳時代から平安時代にかけては、夫が妻のもとに通っていたという。「通い婚」とか「妻問婚《つまどいこん》」と呼ばれる形式だ。男が好きな女のところへ出向き、OKをもらえたら晴れて夫婦になる。でも、同居はしないから、結婚前の生活スタイルが保たれる部分もあるわけだ。夫婦なんだけど、独身っぽいライフスタイル。現代の感覚からすると、なんというか、ゆるい。実際、夫が通ってこなくなったらそれが離婚です、みたいなことだったらしいし。実質バックれ放題やないか……。

しかし、逆に言えば、同居を前提とした現代の結婚は、少々ちゃんとし過ぎているのかも知れない。「年貢を納める」という表現に顕著だが、それまでとは全く違う、ややもするとつまらない生活に突入すること、そして、ある種の諦めとともにそれを受け入れることが結婚なんだと思っているひとは一定数いる。もちろん、好きなひとと寝起きを共にすることを幸せだと感じるひともいるだろうが、若干息苦しく感じるひともいるんじゃないだろうか。わたしなんかは、完全に後者である。物心ついたときからひとりが大好きなひとりっこだったから、ひとりの時間がなくなってしまったら、頭がおかしくなると思う。

じゃあなんで結婚生活が継続できているかと言うと、結婚した相手がバンドマンだからだ。バンドマンは、週末ほとんど家にいない。ライブがあるからだ。地方開催ともなれば、当然泊まりがけ。まるまる二週間家を空けることだってある。そのため、一応同居の形はとっているものの、一年の三分の一くらいは別居状態である。

そうなればもう開き直ってひとりの時間を満喫するまでのこと。野に放たれたひとりの女。何をするのも自由。友だちと飲みに行ってもいいし、原稿を書いてもいいし、一日中パジャマでだらだらしてもいい。これが、夫の浮気を心配するタイプの妻だと、地獄のひとり時間になるのかも知れないが、どれだけ激しく束縛し他の女から引き離そうとしても、浮気するやつはするし、しないやつはしないので、心配する意味がない（わたし調べ）。

子どもや高齢者を抱えた家庭はこの限りではないけれども、夫婦双方合意の上であれば、離れて暮らす時間があってもいいんじゃないかと思っている。もちろん、合意なしに家を出ていくようなやつは、平安時代ならともかく、現代では単なる悪党なので、裁きを受けてもらわねばならないが。

多様なカップルのかたち

海外にももちろん別居婚はあって、Living apart together の頭文字をとって「ＬＡＴ」と呼ばれている。英語版のウィキペディアによると、イギリスでは成人の一〇％、オーストラリア、カナダ、アメリカでは六〜九％がＬＡＴだという。

見てもらえればわかるように、ＬＡＴという言葉には「別居」のニュアンスはあっても「婚」のニュアンスはないので、同棲しているカップルや、ＬＧＢＴ系のカップルなどもここに含まれる。多様なカップルのあり方を見て、伝統的な家族システムを破壊するものだと言うひともいそうだが、むしろ、結婚制度が機能不全を起こしているこの世界で「ふつうの結婚」をいかに脱臼させるかが、パートナーシップの未来を創っていくんじゃないだろうか。

日本にはいま、多様性を認めすぎると社会がしっちゃかめっちゃかになると思っているひとたちがいて、そういうひとたちは、伝統的な家族観を強化しようとしたがっている。昔はよかった。昔に戻ろう。まあ、それもひとつの意見だとは思う。しかし、だとすれば、超オールドスタイルの通い婚を称揚してもよいはずだし、それとよく似たLATだって歓迎されてよい。しかし、彼らはこの理屈を受け入れはしないだろう。古すぎれば野蛮、新しすぎれば放埒。彼らをうっとりさせるのは、ごく限られた時代の、ごく限られた価値観だけなのだ。なんか、局地的すぎてついていけないんですけど……。

同志∨夫婦⁉

そんなものに振り回されたらかなわん！　と思いながら、世界的に有名な別居婚カップルを描いた伝記的映画を二本観た。

一本目は、ジャン＝ポール・サルトルとシモーヌ・ド・ボーヴォワールを描いた『サルトルとボーヴォワール　哲学と愛』（イラン・デュラン・コーエン監督、二〇一一年）である。彼らの結婚は、完全なる自由意志に基づくもので、書類も出さなければ、子どもも持たず、お互いの自由恋愛をも認めるものだった。先進的なフェミニストで、妻になることを召使いになることだと思っていたボーヴォワ

彼氏元気？
まあね 彼女はどう？

ールにとって、サルトルとの結婚は「ごまかしに満ちた小市民的結婚」から脱却できる、願ってもないものだった。

しかし、掲げた理想がすんなり実現するわけもない。彼らの結婚生活に立ちはだかった最大の障害は、セックスだった。よそに恋人を作りながら同時に夫婦でもセックスすることに、ボーヴォワールが耐えきれなくなったのである。芸術家にとって恋愛は欠くべからざるものだから、こそこそ浮気したりせず、正直に言いましょうというルールを採用したまではよかったが、夫の浮気の詳細を知りながらセックスできるほどボーヴォワールは強い女じゃなかったのである（サルトルはぜんぜん平気そうだったけど）。

そんなわけでボーヴォワールは「安心したい／永遠の関係性には／貞操が必要よ」と、夫婦間でのセックス禁止が関係性安定への近道だと主張した。サルトルは「肉体を苦しめる幸福などバカげてる」と言いつつも、妻の主張を聞き入れた。

セックスもなし、同居もなし。それでもふたりは同志としての関係を死ぬまで保ち続けた。それだけでも大したものだが、いまボーヴォワールは、恋人だった作家ネルソン・オルグレンの指輪をはめ、サルトルの隣で永眠しているらしい。なんだそのややこしい永眠の仕方は。でも、この複雑にして豊穣な人間関係こそ、別居婚の醍醐味なのかも……。

とはいえこれ、誰にでも推奨できるものではないし、推奨されたところで「じゃあ明日からやってみよっと！」とはならない（無理）。というか、サルトルが口ではボーヴォワール超リスペクトみたいなことを言いながら、本の献辞に新しい恋人の名前書いたりして、本当にひどいのである。そこの献辞は一応ボーヴォワールにしとけや。空気読めよサルトル。一緒に映画を観ていたおかもっちゃん（夫）も、「あ〜！　スリッパでサルトルの頭ひっぱたきてえ〜！」と言っていたぐらいだし、あの人は自由意志を拡大解釈しすぎである。彼らの別居婚が続いたのは、ボーヴォワールの懐の広さがあればこそ、という気がしてならない。

サルトルのような夫をもし許せるとすれば「あのひとを愛しているから」とか「あのひとの妻だから」とかじゃ明らかに足りない。芸術家としての思想的一致がものすごいことになっていてマジで替えの利かない同志だから、ぐらいじゃないとダメだろう。つまり、ＬＡＴとしてうまくやっていくこととは、まさしく「ふつうの結婚」を脱臼させることなのである。妻／夫なんだから、といった慢心こそ排除せねばならない。

二本目に観た『フリーダ』（ジュリー・テイモア監督、二〇〇二年）でも「ふつうの夫婦」は脱臼させられていた。交通事故から奇跡の生還を遂げたフリーダ・カーロが、病床で本格的に描きはじめた絵をメキシコ壁画界の巨匠ディエゴ・リベラに見せに行ったことで、ふたりは急接近。しかしディエゴは、すでにバツ2で、前の奥さんを同じ家に住まわせたままフリーダとの新婚生活をスタートさせてしまうという、豪胆すぎるにもほどがある男だった。これだけでもすでに十分ヤバいが、その後フリーダの実の妹に手を出したのは、本当にどうかしている（これが別居の原因）。さすがのフリーダも、身内に手を出されたんじゃ黙ってられない。

しかし、なんだかんだ言ってこの夫婦は、別居や離婚を経てまた再婚しているのである。注目すべきは、再婚時の条件に「性的関係を結ばない」ことが挙げられている点。なんだ、ボーヴォワールのところと一緒じゃないか。

夫婦とセックスはマリアージュしない!?

別居婚からは少し話がずれるが、気づいてしまったので書く。ひょっとして、夫婦とセックスって、かなり食べ合わせが悪いんじゃないか。少なくとも、天才肌の男をパートナーにしたボーヴォワールとフリーダは、夫に唯一無二の同志であることのみを求め、セックスについては諦めていたふしがある。女としては辛い経験だったかも知れない。しかし、セックスの軛《くびき》から逃れてもなお続く夫婦の絆が確かに存在することを、生涯かけて証明したとも言えるわけで、それ自体はどう考えたってカッコいいとしか言いようがない。

でも、できることなら、もっと淡々とした別居婚のロールモデルも欲しい。今回いろいろ調べていて思ったが、偉人たち、とにかく性欲強すぎである。愛はあるけど、別居してます、色恋のトラブルはありません。そんな草食系偉人夫婦がいたら是非とも教えていただきたい。

16

部屋とユニフォームと私

スポーツ界のジェンダー観は旧態依然としている。人命救助のため土俵にあがった女性看護師が怒られたり、練習に参加していた高校野球の女子マネージャーが甲子園のグラウンドから追い出されたり。競技者が男だから女の扱いがひどいのかと思いきや、体操女子の宮川紗江選手や女子レスリングの伊調馨《いちようかおり》選手がパワハラ被害を告発しているんだから、競技者が女でも、事情はさほど変わらないようだ。ここまで体質が古いと逆にすごいというか、考古学的な価値があると思うしかないというか……。

今回のテーマは、「スポーツ界の夫婦たち（主に野球）」なのだが、前述のような状況を鑑みると、野村沙知代がいかにイレギュラーな人物だったかがわかる。通称サッチー。享年八十五歳。ノムさんこと野村克也の妻としての人生は、パワフルすぎるほどパワフルだった。野球監督の妻をやりながら、ＴＶタレントをやったり、選挙に出たり、浅香光代と喧嘩したり。ていうか、ミッチー・サッチー騒動ってなんだったんだ。いまになって考えてみると、おばさんの大げんかがあんなにも注目されていた意味がわからない。ミッチーも、サッチーも、そしてわたしたちもみんなどうかしていた。ちなみに、我が家では、何かムカつくことがあると、いまだに「あたしゃ許さないよ〜！」と言うことになっている（一応説明しておくと、サッチーにキレたときのミッチーの真似です）。騒動の爪痕はそれほどまでに深い。ここまで深手を負っているのは我が家だけのような気もするけれど。

サッチーのパワフル伝説は、ノムさんと正式に結婚する前からすでにはじまっている。愛人であるにもかかわらず球団の方針に平気で口を出し、選手やスタッフを困惑させたことはつとに有名だ。仮にわたしがプロの野球選手だとして、監督の愛人がある日突然グラウンドに現れ、なんやかんや言って来たら、素直に耳を傾けられるだろうか。いや、無理だろう。「はあ？　お前は一体どの立場でものを言ってんの？」と思っちゃいそうだし「監督はなんでこれを許してんの？」とも感じるだろう。監督の愛人がたまたま野球に通じていて、勝つためには四の五の言わずその能力を生かすべきだという理屈も、まあ、あるっちゃあるのかもしれないが、選手の身になれば、やはり割り切れないものは残る。

しかし、サッチーは外野の声などどこ吹く風で、愛人時代も再婚後もこのストロングスタイルを貫き、監督もまたそれを制止することはなかった（できなかったのかも)。この夫婦、どうなってんだ。型破りにもほどがあるだろ。そう思う。すごくそう思うが、男尊女卑を通奏低音とするスポーツ界において、こんなにも好き勝手にふるまうことができたサッチーのことを思うと、やり方はともかく、よくここまで存在感を示せたな、すげえな、と素直に思ってしまうのだった。もちろん、そんな妻の傍若無人を許したノムさんが一番すげえのだが。

妻もある意味アスリート

でも、いくらすげえすげえと言ったところで、みんなサッチーみたいな妻はそこまで好きじゃなくて、イチロー夫人である福島弓子のようなタイプにこそグッとくるんじゃないだろうか。どこまでも夫を立て、夫のために尽くす妻。昔ながらの性別役割分業を徹底する、美しきニッポンの夫婦。アメリカ暮らしが長いのに、アメリカナイズされるどころか、古式ゆかしい日本の夫婦であり続けている。

弓子夫人はもともとＴＢＳのアナウンサーだったが、イチローの妻となってからは、表舞台に姿を見せなくなった。プロ野球選手の夫と女子アナの妻という組み合わせ自体はよくあるやつで、一種の職場結婚だが、結婚をきっかけにここまで裏方に徹し、表に出て来ようとしない女子アナはそうそういるもんじゃない。それがイチローの希望なのか、夫人の意志なのかは、よくわからない。けれども、内助の功があってこそ、いまのイチローがいると思わせる圧倒的な説得力があるのは確かだ。一般的な仕事とくらべると、現役として活躍できる期間が短いと言われるプロスポーツ選手の中でも、イチローの長くて安定的な活躍ぶりは群を抜いている。それってやっぱり弓子がいてこそなんじゃないかと思いたくなる。

妻がなかなか人前に出てこず、夫婦のプライベートを窺い知ることができないからこそ、わたしたちの妄想は都合よく膨らんでいく。ストイックな夫をストイックに支えるストイックな妻。夫もアスリートなら、妻もある意味アスリート。そうやってイチローと弓子を美化して満足感を得ているわたしって、なんなんだ。よその夫婦にいろいろと仮託し過ぎなんじゃないだろうか（でもやめられない）。

イチロー夫妻を見て妄想する感覚って、天皇皇后両陛下を見て妄想する感覚とちょっと似ているような……。彼ら夫婦の実態なんてひとつも知らないのに、なにかとても尊いものだと思っているし、両手を合わせて拝みたくなる。美しきニッポンの夫婦を、どうぞよろしくお願いします、と。まだまだ男女平等とは言い難い世の中を憂えたり、ジェンダーギャップ指数一一〇位にふざけんなとキレながらも、立派すぎるくらい立派な夫と、それを支える妻に心を摑まれる。彼らを見るたびそんなふうに引き裂かれた感情を抱えている自分を痛感させられる。

マネージャー型とチアリーダー型

アスリートの妻は、夫を一番近くで支える役目も請け負っているわけだが、その支え方には「マネージャー型」と「チアリーダー型」があるように思われる。野球や相撲はマネージャー型の妻が多い。レモン水を作り、おにぎりを握っちゃうタイプ。どれだけ見た目が美しくとも、泥んこになって働く運動部のマネージャーっぽさがある。妻と母の役割を兼任していると言ってもいい。その昔、TBSで「壮絶人生ドキュメント プロ野球選手の妻たち」というドキュメンタリー番組を放送していたが、そこに出てくる妻たちはまさにそんな感じだった。

それに対して、サッカー選手の妻はかなりチアリーダーっぽい。長友佑都&平愛梨、長谷部誠&佐藤ありさ、松井大輔&加藤ローサ、槙野智章&高梨臨《りん》、稲本潤一&田中美保……みんなえらく華やかだ。彼女たちとて、実態としては、福島弓子ばりに夫を支えているのだろうと思うが、表層にあらわれる「応援のベクトル」が明らかに違う。妻と母を兼任している感じがしないし、結婚しても「妻」とか「母」じゃなくて「女」って感じ。チアリーダー型の妻が棲息するエリアとしては、サッカーのほかに、バスケットボールや格闘技、モータースポーツあたりも挙げられそうである（その他のスポーツについては、各自ご検証いただければ幸

大丈夫
できる!!
やることが
大事
努力してる
あなた
輝いてる
総じて
大好き
落ち込む
余地が
ない…

いです）。

こうしてアスリートの妻を大まかに二分してみると、マネージャーとチアリーダー双方の要素を兼ね備えている里田まいの無双っぷりを改めて思い知らされる。お馬鹿タレントとしてブレイクした彼女は、世間から「どうせ何もできないだろう、だってお馬鹿だし」と舐められていたフシがあるが、田中将大《まさひろ》投手と結婚するや、大変な料理上手であることが明らかとなった。その意味では「能ある鷹」であり、マネージャー型なのだが、彼女にはチアリーダー感もバッチリある。なんたって、元アイドルだ。歌って踊ってみんなを幸せにしていたカントリー娘。だ。しかも、里田は高校までソフトテニスをやっていて、北海道大会では準優勝、全国大会に出たこともあるという。つまり、彼女自身がアスリートなのだ。考えてみれば、アイドルだってアスリート並の運動量なりセンスなりが求められる仕事で、だとすれば、マー君との結婚はアスリート同士の結婚だったと捉えることもできる。アスリートの妻としては、百点満点どころか百二十点である。

強者を支える強者

ここらでガチのアスリート同士の夫婦についても考えておこう。プロの競技者同士の結婚は、「夫と妻」という枠組に「競技者同士」という枠組がプラスされ、同業者だからこその気遣いが発生し、それが夫婦間の潤滑剤になる、という循環構造がある。同業者同士の結婚自体はスポーツ界以外でも山ほどあるが、プロの競技者はそもそも数が少ないし、頂点に上り詰めてしまうと、その孤独感やプレッシャーを他者が理解することは難しくなっていく。そうした夫の前では、糟糠《そうこう》の妻もトロフィーワイフも等しく無力だが、これが夫と同じプロの競技者の妻ならば、微に入り細を穿つようにわかってくれる可能性が高い……となれば、これはもう、死ぬまで大切にせねばならぬ至宝である。心の深いところまで降りてきてくれる理解者がいること。それだけで、ひとはもっと強くなれる。そう考えると、谷佳知&亮子とか、佐々木健介&北斗晶あたりは、ひとかたならぬ結びつきがありそうである（競技者同士として向き合うときに男尊女卑感が薄れるのも個人的には萌えポイントです、バディ感！）。

中でもダルビッシュ有を見ていると、山本聖子との再婚は、まさに至宝の獲得だったのではないかと思えてくる。紗栄子との結婚を悪く言うつもりはないが、山本と再婚してからのダルビッシュは、以前にも増してイケている。

最近のダルビッシュは、野球選手としてはもちろん、SNSでの発言がとにかくふるっている。彼がヒューストン・アストロズの選手から人種差別的な発言を受けた際、「誰も完全ではない。あなたも私も。彼が今日したことはよくないが、彼を責めるより、これをいろいろなことを学べる機会にしたい。もしこのことから何かを得られれば、それは人種にとって大きな一歩だ。この素晴らしい世界に生きているのだから、怒るのではなく前に進みたい。私は皆さんの大きな愛に期待している」とツイートしたことも、ジャーナリストの安田純平にぶつけられる苛烈な自己責任論に対して、ルワンダのジェノサイドを例に、危険地帯に取材に行くことがどれほど重要であるかを訴えたのも、やはり、妻の存在が大きいのではないかと思うのだ。政治的な発言によって引き起こされるかもしれない種々のトラブルを回避するのではなく、たとえ少々の難局が訪れようとも己の信じる道を行けと言ってくれるパートナーの存在が大きいのではないかと。外野の勝手な妄想に過ぎないと言われても、ここはグラウンドの外でも強くてカッコいいダルビッシュをわたしたちに見せてくれた妻の功績を称えさせて欲しい。

アスリートだからこそ心の健康が大事

アスリートは言うまでもなく身体が資本だから、スポーツ界の夫婦と聞くと「食事管理」のことが即座に思い浮かぶし、実際、「アスリートフードマイスター」なる資格に関するホームページには、プロ野球選手を夫に持つ女性が登場し「主人からも、疲れが取れやすくなった、体重の大幅な減少が無くなったなど、嬉しい言葉をかけてもらえるようになりました」とコメントしていたりもするが、結局のところ、身体より心の栄養が大事なんじゃないかという気がする。「結婚相手が自分の身体をケアしてくれなかったから」という理由で離婚したアスリートを見たことがないし……。身体の健康はぶっちゃけ金で買えるが、心の健康はそうもいかない。このシンプルな真理を受け入れた者だけが、アスリートとしても、現役を引退した後も、いい夫婦であり続けられるのだろう。

17

卒婚しようよ

今回の原稿、本当は他のテーマで書こうと思っていて、すでに準備も進めていたのだが、元貴乃花親方が急に「卒婚」とか言い出すので事情が変わった（担当編集Yさんごめんなさい）。

いきなりの卒婚宣言にも驚いたが、その後、アポなしで朝の情報番組に乱入したのには、もっと驚いた。結婚・離婚のお知らせをファックス一枚でさらりと済ませる有名人も多い中、本人みずからテレビに出る。しかも、いきなり出る。急襲だ。スタジオの男性アナウンサーによる「いま、あの～、このスタジオに、なんでかちょっとよくわかんないスけど、貴乃花さんが来てくださっているということで」という説明には笑ってしまった。そりゃ、なんでかちょっとよくわかんないスよね、いきなり貴乃花が現れたら……。

スタジオがパニックに陥る中、貴乃花だけが妙に落ち着いており、両者のギャップはまるでシュールなコントを見るようだった。なにを聞いてくれても構わないという彼に対し、しどろもどろになりながらも、どうにか質問をぶつけていく出演陣。ハリセンボンの近藤春菜が、貴乃花のモノマネをするガリットチュウ福島をどう思うか聞いても、嫌な顔ひとつせず回答していた（「似ていらっしゃいますね」「お墨付きです」とのこと）。自らの離婚について話すべく生放送に乱入したわりに、春菜のふざけた質問にキレないのが、かえって恐ろしい。せっかちなのか、鷹揚なのか、よくわからないひとで、目が離せない。

話はやがて卒婚の核心へ。両者合意の上で離婚したことが強調され、そこまで暗い話でもないんだという雰囲気が徐々に醸し出されていく。

「お互いの道を行こうというところですかね」

「元奥さんも、新しい道をのびのびと行って欲しいなあという気持ちが、わたし自身強かったですから」

「これまで、部屋の女将として、奥さんとして、また、現役の時は横綱の奥さんとして、肩身の狭い思いもしてきたでしょうから、これからはもう自分の道を行って欲しいなと」

お互いの道、新しい道、自分の道。コメントには「道」という言葉が頻出している。まあ実際、人生とは長くまがりくねった道なのだろうが、「人生」でも

「生活」でもなく、より抽象度の高い「道」を選択したのには、なにかこう、彼なりのこだわりを感じる。貴乃花といえば、横綱昇進の口上に初の四字熟語（不《ふ》撓《とう》不《ふ》屈《くつ》）を持ち込んだ男。人生ではなく道と言い、離婚ではなく卒婚と言ったのもある意味納得である。

これは離婚ではない⁉

こうした事例を見ても明らかなように、この国では、離婚の二文字をどうにか漂白して、ポジティブとは言えないまでも、まあまあフラットな言葉にバージョンアップするための試みが延々と続けられている。その結果、離婚と言わずにバツと言い、離婚と言わずに円満離婚と言い、ついには、離婚と言わずに卒婚と言うところまで来た。結婚を卒業するから、卒婚。「離」は嫌だけど「卒」なら許容範囲内というわけだ。「離れる」のは悲しいが、「卒業する」のなら、悲しみの中に光が見える。未来が見える。

……うーん、本当にそうかな。どうも説明がうますぎるような気がする。離婚を卒婚と言ってみたところで、一緒にいたくないから別れることに変わりはない。貴乃花も円満離婚ですよねと問われて「まあ円満で離婚する人ってあんまりいないと思うんですけど」って言っちゃってたし（正直）。デキちゃった婚を、おめでた婚とか授かり婚と呼ぶのとよく似た、心ばかりの印象操作で、別れるふたりの気持ちがそこまで慰められるとも思えないが、まあ気休め程度にはなるのかも知れない。

ちなみにわたしの母親は、五十代も半ばを過ぎたころ「お父さんのこと、お父さんって思うのやめたの。昔みたいにトミヤマ君って呼んで、私もリツ子さんに戻ったら、すんごいラク」というようなことを突如言い出し、当時は多少面食らったものの、いまになって考えてみれば、これこそが本当の卒婚なんじゃないのか。結婚を卒業し、父を仲良し男子だと思うようにしたわが母こそ、卒婚のエキスパートに違いない。

実際、卒婚の産みの親とされる杉山由美子の著書『卒婚のススメ　人生を変える新しい夫婦のカタチ』（二〇一四年）では、婚姻関係を維持しながら、互いに干渉せず、個々の人生を充実させてゆくことを卒婚と呼んでいる。別に離婚はマストじゃないし、もっと言えば、別居もマストじゃない。加山雄三や清水アキラも、婚姻関係をキープしたままの卒婚を選択している。が、清水アキラは卒婚状態に耐えきれなくなり、妻との同居を再開したらしい。報道によれば、一年四カ月で卒婚は終了し、いまの心境は「離れてみて（妻の）ありがたさ、愛おしさ、尊さがわかります」だそうな。清水の名は、卒婚に失敗したタレント第一号として、末長く芸能史に刻まれるであろう。だが、間違っても卒婚に失敗して出戻って来たことを責めてはいけない。妻への愛情が蘇って、妻の方でもそれを受け入れる気があるんだからいいじゃないか。愛情大学愛情学部を卒業して、晴れて大学院に進んだと思えばいい。大いなる進歩。歓迎すべき成長である……これでまた気が緩み、相手への敬意を忘れたら今度こそ妻にブチ切られそうだけど（たぶん卒婚じゃ済まない）。

清水アキラの話はともかく、ここで言いたかったのは、もともと卒婚が離婚の別名ではなかったということ。結婚したままでこれまでとは違った夫婦関係を築くことが、卒婚。子育てが終わったり、定年退職したりして、家族の形が変わるとき、夫婦関係だけ据え置き状態では、かえって日常生活に歪みが生じる。それを是正するために卒婚というコンセプトは生まれたはずなのだ。なのにいつの間にか、離婚を卒婚と言い換えてよいことになっているではないか。この勢いだとまだまだ出てきそうだぞ、新しい卒婚の定義や、卒婚に代わる新たな呼び名が。たとえば「結婚をお開きにする＝開婚」とかどうですか。ダメですか。そうですか。わたしにはやっぱり「どんだけキレイに表現したところで離婚は離婚だろバカヤロウ」とぼやく係がお似合いだな……。

17 ……………………… 卒婚しようよ

明石家さんまの強火感

離婚のネガティブイメージが漂白されてきた歴史をふりかえるとき、離婚を「×《バツ》」と表現し、のちにバツイチという言葉を生むきっかけを作った明石家さんまを忘れることはできない。彼のおかげで、離婚のカジュアル化が一気に進んだと言っても過言ではない。

さんまは、子連れの大竹と再婚し、後に一女をもうけたが、ふたりの子どもに自分を「ボス」と呼ばせるなど、最初から家族という形式へのこだわりが薄いひとだった。離婚のときもそれは同様で、単なる「お笑い芸人ならではのおちゃらけ」では片付けられない圧倒的な軽さと明るさをもって、自身の離婚を開示して見せた。

この夫婦が他と違うのは、妻である大竹がその設定に乗っかったところだ。グーグルにふたりの名前を入れると、最初にサジェストされるのは「明石家さんま　大竹しのぶ　仲良し」である。確かに彼らは仲良しだ。別れた後も、相手の話をするのは当たり前、悪口だってじゃんじゃん言って笑いに変える。テレビで共演する機会も少なくない。特番内のいちコーナーとして、ふたりの結婚から離婚までを描いたドラマが制作されたことだってある。彼ら夫婦にとって、離婚はタブーどころか、超強力なコンテンツである。夫婦や家族としてはうまくいかなかったのかも知れないが、仲良しユニット（≒コンビ芸人）としてはとてもうまくいっている。

婚姻関係を早々に解消し、長きにわたる離婚生活をエンジョイする。それがさんま&しのぶの採った戦略だ。その意味において、彼らほど「卒婚感」のある夫婦もいないのではないか。彼らに続く夫婦として、ココリコの遠藤章造と千秋を挙げることもできなくないが、さんまにおける「×の発明」ほど画期的なことはしておらず、また、結婚から離婚に至るまでがドラマになるような、コンテンツとしての骨太感もない。考えれば考えるほど、明石家さんまはすごい。お笑い怪獣の異名を取る男、やることなすこと全て強火である。

ふたりだけどひとりとひとり

しかし、ここまでクオリティの高い卒婚へと至るには、当然のことながらさまざまな条件をクリアせねばならない。夫婦関係の変化に納得しコミットできること、今後の生活に際して金銭的不安がなく互いに金で揉めそうにないこと、相手が自分のことをどのように語っても怒らない心の余裕があること……このあたりが必須条件となりそう。あと、卒婚には「スピード離婚した奴は使用禁止」みたいな含みがあるので、それもクリアせねばならない。長きにわたる結婚生活、積み重ねられた家族の歴史、そういったものを前提条件にしてはじめて卒婚は成立する。だから貴乃花と景子夫人は卒婚でＯＫだけど、息子の花田優一が離婚しても、卒婚認定はされないだろう（と書いた矢先、花田優一が本当に離婚したが、卒婚として報道されることはなかった、やっぱりね）。若造には手が届かないのが卒婚なのだ。

卒婚って、ハードルが高い。高すぎる。というかこれ、最初から精神的・経済的に自立している夫婦にしかできないことなのでは。そもそも結婚制度にしがみつく必要のないふたりにだけ許されるやつなのでは。自分に置き換えて考えた時、元夫とバカみたいに明るく付き合えるのって、本当に最高だと思うものの、やはり素人にはおいそれと真似できそうにない。

本書の中で繰り返し書いているが、結婚でも卒婚でも、「婚」なるものを成功させる最大の秘訣は、ひとりでも立っていられる人間であることである。ふたりでいるためには、まずひとりで立っていられる脚力を手に入れるべし。これをおいて他にない。西炯子《にしけいこ》のコミック『娚《おとこ》の一生』（二〇〇八ｰ一〇年）の中で、ヒロインを愛する男が「君はひとりで生きていったらええ／ぼくもひとりで生きていく／ふたりして／ひとりで生きていこや……」と心の中でつぶやくシーンがあるのだが、これなんかはまさに「自立的な人間こそ結婚に向いている」ということの証左みたいなセリフと言っていい。

ふたりしてひとりで生きる。これができれば、結婚も卒婚もお手の物である。とはいえこれは、常人にはなかなか辿り着けない境地であって、たいていは、相手に寄りかかりながら結婚生活を送るものだろうし、そうこうしているうちに、ひとりで立つための筋力が衰えていくものだろう。もちろん、互いに助け合い支え合えるのが、結婚のメリットでもあるので、鬼軍曹みたいに「絶対にひとりで立て！　死んでも支え合うな！」とわめき散らすつもりはない。でも、一応スクワットぐらいはやっておいて、いざという時にはちゃんと立てるようにしておくと、人生なにかと安心ではある。

18

平成最後の夫婦愛

厚生労働省の「婚姻に関する統計」（平成二十八年度 人口動態統計特殊報告）を見ながらこの原稿を書いている。これを見ると、めちゃくちゃ数字に弱いわたしでも「結婚＝若い男女が死ぬまで添い遂げるもの」でなくなってきていることがわかる。婚姻年齢が上がり、夫婦とも初婚のパターンが減り……結婚からフレッシュさがなくなってきたとでも言えばいいか。しかし、逆に言えば、急いで結婚しなくていいし、失敗したら別れていいし、ご縁があれば再婚できるかもね、みたいな、ある種のカジュアルさが増していると言えなくもない。神聖じゃなくたっていいじゃないか、人間の結婚だもの。いや、むしろ、多少くたびれてるくらいの方がいいかも。妙に神聖視するから、離婚すると「×」がつくとか、戸籍が「汚れる」とか言い出す奴が出てくるのだから。

いまや結婚は「みんながするもの」でもなければ「一生に一度きりの、かけがえのない経験」でもない。あるひとにとっては、自分ひとりで生きていくよりは安心・安全だろうという見通しに基づき選択された「生存戦略」であり、また別のひとにとっては、コストが高く望んでも手に入りそうにない「贅沢品」、また別のひとにとっては、そもそも「どうでもいいもの」……といった具合に、ひとによって意義や価値が異なってきている。広告の世界では、いまだに「ニッポンの幸せな結婚」を提示しようと躍起になっているが（ご苦労様です）、みんなもうとっくに気づいているんじゃないだろうか。「結婚とは何か?」なんて、一概には言えないんだってことを。本書でも、そういう話をさんざんしてきた。結婚を、夫婦を、ひとくくりにすることはできない。なんびとたりとも量産型夫婦として凡庸に生きていくことはできないのであって、みんなと一緒だと安心するというひとも、結婚だけはみんなと一緒にはならない。同じドレスを着ても、同い年の子どもを産んでも、よその結婚と、うちの結婚は別物だ。

でも、結婚をひとくくりにできないことは、単純にとてもいいことだと思う。結婚／非婚でひとを区別する時代はさっさと終わらせるべきだし、結婚する場合も、その中身をどんなものにするかは、各人が自由にアレンジしていいはず。わたしの結婚は、わたしのもの。誰もがそう言える世の中になって欲しい。適齢期に結婚しないとなんやかや言われ、結婚したらしたで、子どもはまだかと言われ、子どもを産んだら次の子はどうするのかと訊かれ、子どもが成長すれば優秀かどうかを判定され……ってもうやかましいわ。どれかひとつでも欠けたらダメなのかよ。人生が減点法で決まるんじゃ苦しすぎる。

結婚の象徴としての天皇

結婚にもっと自由を――そう声高に叫べば叫ぶほど、なかなかそうもいかないひとたちのことが頭を過《よ》ぎる。中でも、結婚・離婚のアレンジがもっとも困難なのは、天皇陛下をはじめとする皇族のみなさんじゃないだろうか。一般人ですら、「結婚っていうのは、ふたりだけのことじゃないの、両方の家に関わることなの」とか説教されるのに、皇族に至っては、両家どころか、「国家の安寧に関わることなの」などと言われかねない。

人間はみな平等とか言いつつ、皇族の結婚とわたしたちの結婚は、まったくもって平等ではない。余計なお世話かも知れないが、覚悟を決めて結婚した後に「やっぱこのひとじゃなかったわ」となったらどうするんだろう。とりあえず空気を読んで仮面夫婦になるしかなさそうだが、そうやって割り切ることができたとしても、裏でダブル不倫したり、風俗に通ったりはできないわけで、ガス抜きできないこと山の如しである。皇室典範には、一応離婚できる旨が記されているらしいが、実際に離婚したのは、北白川宮能久親王が、土佐藩の十五代藩主であった山内容堂の長女・光子と離婚したケースと、東伏見宮依仁《よりひと》がこれまた山内容堂の三女・八重子と離婚したケースだけだという（山内家の引きの強さはなんなんだ）。北白川宮の離婚は光子の病気が原因だったというから、お互いに健康な状態で「やっぱこのひとじゃなかったわ」となる離婚とは、事情が違う。東伏見宮の離婚原因については、残念ながら調べがつかなかったが、結婚生活四年弱で子ナシ離婚しているので、こちらも性格の不一致だけではない何かがあったことを想像させる。やはり、いくら離婚の権利が認められているといっても、行使するのは難しそうだ。

しかも、現代の皇室のみなさんは夫婦で式典に参加するなど、一緒にいる時間が長い。妻が家庭を守り、夫が外で働くという形は基本的に取れないのだ。ということは、夫婦としてもビジネスパートナーとしても息が合っている必要がある。皇族の結婚とは、夫婦であることと、ビジネスパートナーであることを両輪とする車のようなものだ。車輪の大きさが違えば、変な方向に走っていくし、大事故を引き起こす危険性だってある。

この車を類い希なる努力により無事故無違反で運転し続けてきたのが今上天皇である。陛下は、お見合いではなく、いわゆる自由恋愛で美智子さまを射止め、これまでの天皇家とは違った、とても進歩的な夫婦像・家族像の提示を行ってきた。そんな彼の結婚をごく単純化して説明するなら、天皇であるという特権をなるべく行使しない結婚であると言えるだろう。「天皇の奥さんなんだから黙って言うこと聞きな」とか言っても許されそうな人物が、敢えてふつうの夫婦であろうとした。しかし一歩外に出れば、彼らは天皇皇后両陛下なわけで、つまりふたりの結婚は、夫婦とビジネスパートナーの車輪を同じ大きさに調整しようとする夫側の努力なしにはなし得ない（夫が天皇であり、そのことによって圧倒的な権力勾配が発生する以上、夫側が努力するしかない）。結婚をすること、子どもを儲けること、夫婦で仕事をすること。その全てが「天皇として」やらねばならぬことであるとしても、妻をそのための道具とみなすのではなく、市井のひとびとと同じように、あくまで愛するひととの温もりある結婚生活を送ろうとしたのが、今上天皇なのだと思う。

その信念は、先日の誕生日会見（平成最後の、ってやつですね）にもはっきりと現れていた。会見の終盤で、天皇陛下は美智子さまのことをこんなふうに語ったのだ。

明年四月に結婚六〇年を迎えます。結婚以来皇后は、常に私と歩みを共にし、私の考えを理解し、私の立場と務めを支えてきてくれました。また、昭和天皇を始め私とつながる人々を大切にし、愛情深く三人の子供を育てました。振り

18 ························ 平成最後の夫婦愛

返れば、私は成年皇族として人生の旅を歩み始めて程なく、現在の皇后と出会い、深い信頼の下、同伴を求め、爾来この伴侶と共に、これまでの旅を続けてきました。天皇としての旅を終えようとしている今、私はこれまで、象徴としての私の立場を受け入れ、私を支え続けてくれた多くの国民に衷心より感謝するとともに、自らも国民の一人であった皇后が、私の人生の旅に加わり、六〇年という長い年月、皇室と国民の双方への献身を、真心を持って果たしてきたことを、心から労《ねぎら》いたく思います。

……このくだりを聞いて、オイオイ泣いてしまった。これまで皇室にさほど興味を持たず、「陛下の愛車はＨＯＮＤＡのインテグラ」ってことぐらいしか知らないわたしが、完璧に泣かされた格好だ。

結婚がオワコン化しつつあるこの国の象徴たる天皇陛下が、妻のことを、声を震わせながら話していた。彼らの結婚が、わたしたちの社会ではすでに失われつつある「一生に一度きりの、かけがえのない経験」であることを突きつけられた。しかしそれは彼らがふつうではない結婚をしたからこそ辿り着けた場所かも知れず、ふたりがどれほどの苦難を乗り越えてきたかを想像すると、手放しで「結婚サイコー！」とは言えない（雅子さまの適応障害とか、眞子さまと小室さんの結婚延期といった報道を見ると、やっぱり皇族の結婚は大変そうだなと思うし）。しかし、八十五歳になったときに、ちょっぴり泣きながら妻に感謝の念を述べる夫をどう思うかと問われれば、超絶ステキですねと言うしかない。退位後は、どうか夫婦水入らずでのんびり過ごして欲しい。ひとつ残念なのは、陛下が八十五歳の誕生日を境にもう車を運転しないと決めたこと。インテグラに乗って皇居内を移動する天皇皇后両陛下がもう見られないのは、とても寂しい……インテグラの話ばかりして申しわけないが、陛下の運転動画がネットに落ちているので是非とも見て欲しい。なんかすごくいいいんですよ。「夫婦の時間」って感じで、とてもかわいいんですよ。

夫婦への興味は終わらない

結婚願望が強いアフロヘアのバンドマンと出会ったがためにうっかり結婚してしまい、とりあえず夫婦にはなったものの、どうすりゃいいのかわからず、夫婦をいちから勉強するつもりでこの連載をはじめた。結婚制度への信頼や憧れが少しずつ目減りしていくこの世界で、それでも結婚するひとは後を絶たない。それはなぜなんだろう。愛し合うふたりを、より強く結びつけるためには法律が有効だからだろうか（法律で縛らないとダメな愛とは一体）。生まれてくる子どものことを考えてのことだろうか（婚外子をやいやい言う奴の方が性格悪いのに）。いい歳してひとりだと人間性に問題があると思われるからだろうか（教育・勤労・納税以外のことは頼むから放っておいて欲しい）。何度でも言うが、答えはひとつじゃない。夫婦の数だけ答えがある。おもしろいのは、どんな夫婦でも仔細に見ていけば絶対に学びがあり教訓があるということ。動物の夫婦でも、離婚した夫婦でも、天皇皇后両陛下でも。

で、いろいろ学ばせてもらった結果、なんでわたしが結婚生活を継続しているかを改めて考えてみたのだが、結局のところ、結婚という実験場に興味があるから、ということなんだと思う。愛とか恋とかよりも、興味関心の方が強い。

わたしは大変に飽きっぽくて、ひとりでいたら、いつか自分の人生に飽きてしまうタイプの人間だ。どんなに親しい友人がいても、ハマれる趣味を持っていても、「なんか人生に飽きちゃった」となりそうな予感がある。だから結婚に踏み切った。他人との共同生活によって、自分がどのように変化・変形していくのかを見たい。それを見ている間は、己の人生に飽きなくて済む。わたしは自身の精神的危機を回避するために、結婚したのかもしれない。だとすれば、わたしはおかもっちゃん（夫）に救われたのかも。おそらく、おかもっちゃんは結婚願望のないわたしを結婚に巻き込んだことに対し、ちょっぴり申し訳ないと思っているはずで、まあ、これが「関白宣言」的な結婚であれば、秒速で離婚していたと思うが、ありがたいことに、彼との生活の中で起こるさまざまな事象を眺めておもしろがっていればそれでよく、妻としては何も期待されていないっぽいのでありがたい。この先のことはよくわからないが、八十五歳くらいまでこの結婚が続いたら、その時は、今上天皇よろしく夫への感謝を書面にし、みんなの前で読み上げよう。あうんの呼吸で、言わなくても伝わるなんて絶対に思わないし、思ってはいけない。何年連れ添っても、夫婦は他人なんだから。

付録

3Bと付き合ってはいけない!?

1　バンドマンの妻であるということ

「付き合ってはいけない3B」をご存じだろうか。グーグルの検索窓に「つきあって」くらいまで入力すると候補として挙がってくる程度には有名な言葉だが、つまり「女の人が3Bと恋愛するとロクなことがないですよ」という意味である。

3つのBは「美容師」「バーテンダー」「バンドマン」の頭文字を指している（美容師だけ日本語なのがなんだか滑稽だ）。どれも華やかな仕事だが、それゆえ浮気される可能性が高く、危ないからやめておけということらしい。バンドマンに至っては、ナルシスティックに将来の夢を語りがちとか言われて（例：音楽でこの世界を変えてやる）、3Bの中でもとりわけ地位が低い。

そしてわたしは付き合ってはいけない3Bと付き合うどころか、結婚してしまった女である。おかもっちゃん（夫）は、SCOOBIE DOというバンドで二十年以上もドラムを叩いており、ちなみにアフロヘアである。どうですか、混じりっけなしのバンドマンでしょう。

結婚生活は順調だが、3Bの噂があるせいで、ちょっと引かれることがある。そんな人と結婚して大丈夫なのか。生活していけるのか。わたしたちの結婚が負ける確率の高いギャンブルにしか思えない人というのは、一定数いる。常識的で堅実な「いい人」ほど、不安そうにこちらを見つめる。

しかし、勤務先の大学において、その反応は正反対である。学生たちにとっては結婚がまだそこまでリアルなものではないから、不安そうにわたしを見ることもない。それどころか授業の感想を書くためのコメントシートに「すごい！　どうやったらバンドマンと付き合えるんですか？」「どこに行けば知り合えますか？　やっぱライブハウス？」といった質問を熱心に書いてよこす……わたしの講義なんか聞いちゃいない。危ないと言われているはずなのに、3Bの恋人志願者がわらわら出てくる。

勝手なイメージで否定されたり肯定されたりと、バンドマンの妻は忙しい。こんなにも反応に振り幅があるのだということを、誰も教えてくれなかった。でも、それも仕方のないことである。多くのバンドマンは、ファンの夢を守る等の理由から結婚を公表しないので、妻たちの実態は世間と共有されない。仮に結婚を公表したとしても、やはりファンが傷つくのを最小限におさえるため、結婚生活については明らかにしないことが多い。

つまりバンドマンの妻たちは、実在しているにもかかわらず「よくわからない存在」とみなされる運命にある。まるで珍獣だ。

そうした運命によって自らもまた珍獣となったわたしだが、音楽で世界を変えると言い、酒に溺れ、女にだらしないバンドマンにはまだ会えていない。だいたい、おかもっちゃんの入っている草野球チームには、バンドマンも美容師もバーテンダーもいて、「3B全員揃い踏み」みたいなメンバー構成なのに、全員朝の六時とかに起きて野球をやっているのである。健康優良児としか言いようがない。むしろ、夜遊びが好きで、朝が苦手で、昼からでも飲みに行きたいのは、わたしの方だ。これはおかしなことになった。世間のイメージ通りの3Bはどこにいるのか。そのイメージに振り回され生きる者として、いつか居場所を突き止めねばと思っている。

2 アフロヘアと暮らすということ

「付き合ってはいけない」と言われる3B（美容師・バーテンダー・バンドマン）と付き合うどころか結婚しているわたしだが、バンドマンの夫・おかもっちゃんとの結婚をまったく悩まなかったと言えば嘘になる。でも、浮気されそうとか、収入が不安定とか、そういうことはどうでも良かった。「アフロヘアの男と一緒に暮らして、大丈夫なんだろうか？」と思ったのである。結婚相手が3Bであることより、それが特殊な髪型の3Bだということが、悩みの種だった。

おかもっちゃんは超サラサラストレートヘアを特殊技術で痛めつけまくってふわふわのアフロにしている。バンド業界には変わった髪型のひとがずいぶんいるが、ほとんどが怖い系（スキンヘッド、モヒカン、ドレッド等）である。そんな中、アフロだけが面白系にふりわけられている……ということを、彼と付き合って痛感させられた。

東京だけでなく、世界中どこにいても、歩いているだけで見られるし笑われる。みんなの中にまぎれる、というのがとても難しいのだ。帽子をかぶっても、下の方からアフロがあふれてきちゃうし。

配偶者が見られたり笑われたりするのは、まあ慣れるしかないとしても、厄介なのは、アフロの切れ毛である。みなさんはご存じないだろうが、アフロは言ってみれば超ダメージヘアなので、すぐ切れる。夫婦ふたりとも忙しくて一週間掃除をサボろうもんなら、床に落ちた切れ毛が自然と集まり、天然のまっくろくろすけが完成する。ちなみに『となりのトトロ』に出てくるあれは、「ススワタリ」というフィクショナルな存在である。かわいい。一方、我が家のまっくろくろすけは、実在する。部屋の片隅でゆらゆらしていたりするが、別にかわいくはない。見つけ次第、容赦なく捨てる。

わたしはどちらかというときれい好きなので、この切れ毛地獄に耐えかね「もうやだ(泣)」となってしまいそうで、冗談でなく結婚が億劫だった。でも、かといって相手の髪型を変えさせたいとは思わない(そんなの暴力だ)。で、結局「珍しい種類の犬を飼った」という設定で乗りきることにした。わたしと、おかもっちゃんと、姿は見えないが切れ毛の激しい黒犬が一頭いる。そういう設定である。

だが、伝え方が悪かったようで、おかもっちゃん=珍しい犬ということになってしまった。怒られるかと思ったが「確かに俺は犬みたいなもんだ！　ワン！」というような返事が来た。おおらかな性格で助かった。

先日、時計の裏フタを開け、電池を入れ替えていたら、三センチほどのアフロの切れ毛が出て来た。「なんでこんなところに!?　と思ってちょっと引いたけど、われわれが老人になって、仮におかもっちゃんが先に死んだとしても、いろんな所から毛が出てくると思うとウケる」という話をしたら、おかもっちゃんが本気でジーンとしていた。毛の話で泣くなよ……。

このように、アフロと暮らすと一事が万事、イヤでも面白くなってしまうのだが、これって静かに淡々と暮らしたいひとにとっては地味につらいことだと思うので、もしいまアフロヘアのひとと結婚するか悩んでいる方がいたら、是非とも相談に乗ってさしあげたい。この特殊な状況を理解した上でアドバイスできるひとは、なかなかいないだろうから。

3　偏見とともに生きるということ

ある晩、ドラマ『逃げるは恥だが役に立つ』を観ていたわたしは「その通り！　よくぞ言ってくれた！」と叫んでいた。ゲイは男女両方の目線を持っていて、帰国子女は自己主張が強く変わり者で、イケメンは女遊びが激しい……そんな偏見を押し付けられた当事者というのは、息苦しさを感じていても、なかなか言い出せない。そのことがとても丁寧に描かれていたのだ。

付き合ってはいけない3B（美容師・バーテンダー・バンドマン）も似たようなものである。特定の職業を雑にくくって〝クズ〟呼ばわりすることが、なぜか許されている。反論すればいいのだが「そんなのネタなんだからマジになって反論する方がダサい」というムードに押されて、空気の読める3Bほど黙り込んでしまう。するとますますクズ3Bのエピソードばかり目立って……完全に悪循環である。

わたしもおかもっちゃん（夫）と付き合うまでは、バンドマンってメチャクチャな生活をしてるんだろうなと思っていた。夜な夜な芸能人が集うバーとかに行くんじゃないの？そんでもって黙ってても女が寄ってくるんじゃないの？　みたいな。

しかし、彼の日常は思った以上に地味だった。最高のライブを作り上げるための準備は、楽器の練習だけじゃない。関係各所へのメール連絡や、宿の手配、衣裳のメンテナンスなんかもある（おかもっちゃんは正座でスーツにアイロンをかける）。車で移動するバンドだから、お酒にだらしなくなりようがないし、レコーディングを行い新譜を売るタイミングも考えなくちゃいけないから、つねに先を見据え計画的に行動している。夢も希望もないと言われそうだけれど、この地味な日常がなければあの非日常的なステージは完成しない。なんとなくライターになり、なんとなく原稿依頼を待ち、球が来たらとりあえず打ち返すみたいな人生を送るわたしの百倍しっかり者、それがバンドマン。おかもっちゃんだけでなく、プロで食えてるバンドマンは大抵そんな感じだ。見た目こそふざけているが、中身は企業の中間管理職みたいである。仕事に熱中しすぎて、何年も彼女がいないと嘆く人もいる。

こんなふうにバンドマンのことを語ると、どうしてもバンドマンの欠点をあげつらいたいひとたちが「お家をしょっちゅう留守にするじゃない？　寂しくないの？」と言ってきたりする。これについては個人差があると思うが、夫がいないときは、ひとり静かに仕事してもいいし、友だちと夜遊びをしてもいいし、スナック菓子を食べ散らかしながらジャニーズのＤＶＤを見てもいいので問題ない。そこにあるのは寂しさではなく、独身時代と変わらない自由だ。子どもがいる場合は夫が留守がちだと大変なのかもしれないけれど、どんな職種の人でも、出張で家を空けることがあるだろうし、もしずっと家にいても、オムツひとつ替えられない夫じゃ意味ないしなあ。

というわけで、バンドマンとの生活は、そのイメージとは裏腹にけっこう平和である。もちろん、わたしが辿り着いたのが、たまたま〝善き３Ｂの暮らす村〟だった可能性はある。村はずれには荒れ果てた土地が広がっており、おっかない３Ｂがウロウロしているかも知れない（『北斗の拳』のような感じで）。でも、この善き村は確かに存在するし、みんなが思っているより規模もでかい。騙されたと思って一度遊びに来て欲しい。

４　その後の３Ｂ

ひとつ前の原稿に「バンドマンとの生活は、そのイメージとは裏腹にけっこう平和である」と書いた。そう書かずにはいられない理由があった。

当時(二〇一六年)のわたしは、バンドマンをクズ男だと決めつける奴らにものすごく腹が立っており、「ねえ、いい加減そういう差別的なのやめない!?」と言いたくて仕方なかった。とはいえ、ただ怒りにまかせて文句をぶちまけても効果がないので、執筆にあたってはつとめて平静を装った。誰だって怒り狂ったおばさんの文章など読みたくはないだろうし、バンドマンと結婚した当事者がいとも楽しげなコラムを書くことによって、ちょっとでもバンドマンに対する偏見がなくなればしめたものだという計算もあった。北風より太陽。こういうことに関しては、結果さえともなえば、手段を問わないわたしである。

ところが……原稿を書いた直後に冗談みたいなことが起こった。清水富美加が出家し、千眼美子に改名し、過去に不倫していたことを仄めかし、あろうことかその相手がバンド「KANA-BOON」のベーシストだったので、付き合ってはいけない3Bが再強化される格好となったのだ。勘弁してくれ。さらに、ゲス不倫で世間を騒がせた川谷絵音が、ベッキーと別れたあとに付き合った未成年の女の子に飲酒させた上、その後も交際を継続し、同棲もしていると報道された。タイミングが悪すぎる。ほーらやっぱりバンドマンってクズじゃん。そう思われても反論できない流れだぞこれは。

うーん、やっぱりおかもっちゃん及びおかもっちゃんと仲良しのバンドマンが局地的に品行方正なだけで、その他のエリアでは、みんな見境なくモテ散らかしているのかなあ……。怒り狂ったおばさんじゃダメだとか、北風より太陽だとか、そんな努力はなんの意味もないってことか……。

もう世間を説得するのは諦めよう。そう決めたわたしは、じくじくと膿むような敗北感を抱えながらその後の日々を生きたが、その間も、おかもっちゃんの生活は健康的であり続けた。朝はやく起きて、ゴミを捨て、洗濯機を回し、ランニングor草野球に行き、戻って来たらシャワーを浴びて、ご飯を炊き、わたしに持たせる用のおにぎりを握る。言っておくが、これらはすべてわたしが寝ている間にやっていることだ。つまりわたしが起きると、ゴミは出し終わっており、洗濯物は干し終わっており、職場でお昼に食べる用のおにぎりが用意されているのである。

そして午後からはたいていスタジオ練習に行くわけだが、帰りはスーパーに寄って食材を調達し、帰宅後は洗濯物を取り込んだり、お風呂掃除をしたりする。

やってもらってばかりだと申しわけないので謝ると、やりたくてやっているから気にしなくて大丈夫だよとしか答えない。家事やって仕事やって家事やって、のループで一日がうまくいくことに気づいたと主張するので、わたしはそれを鵜呑みにして、夕方までパジャマで原稿を書いたりしている。

どうだ、羨ましいだろう。キング・オブ・ハズバンド。わたしは彼をそう呼んでいる。だってそうとしか呼びようがないじゃないか。頼んだわけでもないのに進んで家事に取り組む夫を褒めちぎる以外に、一体なにが出来るというのだ。

ただ、不思議なのは、このキング・オブ・ハズバンドが最初からキングだったわけではなく、結婚後に謎の急成長を遂げたという点である。結婚前のおかもっちゃんがどんな感じだったかというと、はじめて手作りのカレーをごちそうしてもらったときは、カレー皿を床に直置きするスタイルだった。別に、本場インドへの憧れからそうなったのではない。単にテーブルがなかったのである。客が、というか、付き合いたての彼女が遊びに来るのに、テーブル代わりの段ボール箱さえなかった。こんなに手の込んだカレー（しかも旨い）を作る男が、なんでテーブルなしで平気なんだ。生活力があるのかないのか、まるでわからん。仕方がないので、とりあえずランチョンマットを買わせることにした。ランチョンマットを敷くと、床の上で食べてる感が軽減して、だいぶいい感じになったが、本音を言えば「いますぐテーブルを買え」である。

そのような過去を持つ男がキング・オブ・ハズバンドになるなんて、一体誰が想像しただろう。人間というのは、いつどこでどんな変化を遂げるかわからないものだ。結婚後、悪い方向に変わってしまうひとも大勢いる中で、うちのキング・オブ・ハズバンドは、ひたすらよい方向へと伸びている。特になにもしていないわたしが相対的にだらしない妻になっていくわけだが、そこはもう黙って受け入れるしかない。

それで最近気づいたのだが、バンドマンの家事能力が向上すると、ライブ時とのギャップが生まれておもしろい。プライベートでもバンドマンらしくカッコよく生きるのもいいが、せっせとおにぎりを握ったその手でドラムのスティックをさばいているのを見るのも悪くない。わたしの友人たちも家庭的なおかもっちゃんを見慣れているので、たまにライブに招待すると、三割増しでカッコよく見えるらしく、みんなやたらと褒めてくれる。そりゃそうだろう。彼らはみな鍋奉行の彼に厳しい指導を受けたり（ごまだれで食べるべきものをポン酢につけただけで注意される）、彼が茹でた揖保乃糸をひたすら食べさせられたりしているのだ（生まれ故郷の名産なので茹で方にうるさい）。その男が、しびれるようなドラムを叩くのである。そんなもん、ギャップ萌えの条件が完全に整っているとしか言いようがない。

おかもっちゃんは、結婚を機に萌えの対象となった。独身時代は、蘊蓄が多くてウザいとか、物言いがはっきりし過ぎていてこわいとか言われていたらしいが、いまやすっかりかわいいアフロのおじさんである。本人もまんざらではないらしく、かわいい中年男性としての人生を楽しんでいる。

人気商売における加齢について考えるとき、セルフイメージの乗り替えに成功するかどうかは、極めて重要な問題だと思われる。若くてカッコいい俺、にこだわるあまり、無理のあるアンチエイジングに手を出すことほど哀しいものはない。この国は加齢を「成熟」ではなく「劣化」とみなす傾向があるが、それを真に受けると後々たいへんなことになる。そのことに勘づいているひとたちはみな、徐々に若さを手放し、カッコよさにさらなる磨きをかけるが、我が家のバンドマンは、どういうわけか、若さとカッコよさの両方を手放し、かわいさを手に入れた。そういう乗り替え方もあるのだということを、ひとまずお伝えしておく。四十二歳でかわいいデビューしたおじさんが、今後どうなっていくのかについては、まだなんとも言えないが、還暦ぐらいでかわいいが頂点に達する可能性がある。見たいか見たくないかで言ったら、見たい。なので、妻としては今後も彼のかわいさを大事にし、積極的におだてていくつもりだ。

あとがき

本書は筑摩書房のPR誌『ちくま』での連載がもとになっている。連載は二年弱、全十八回に及んだ。

担当編集のYさんから最初にオファーを受けたとき、夫婦の専門家ではない人間が夫婦について書くなんて無謀では？　と思ったけれど、いざ書き始めてみたら（わたしは見切り発車が得意なライターです）、素人なりに気になることはたくさんあって、書けば書くほどネタが出てきた。逆に自分が夫婦の専門家だったら、十八回も言いたいことがあったかわからない。素人だからこそ、好奇心の赴くまま自由に掘り進めて行けたのかも。そんな気がしている。

お読みいただければわかるように、いろいろな夫婦を取り上げたようでいて、こんなものは氷山の一角にすぎない。みなさんも「おい、あの夫婦が出てこないじゃないか、どうなってんだ！」と思っているかも知れないが、わたし自身が一番そう思っているのである。国際結婚の話もしてないし、オタク夫婦の話も、同性婚の話もまだしていない。夫婦の多種多様ぶりは本当にどうかしている（いい意味で）。これからも、己のライフワークとして、リアル／フィクション双方取り混ぜた夫婦観察を続けていきたい。ちなみに、いま現在もっともお気に入りなのは、ぺこ&りゅうちぇる夫妻です！　かわいさと聡明さのバランス感が本当に最高で、いつも泣きそうになるんですけどなんなのホント（尊い）。繰り返しになるけれど、わたしには結婚願望がなくて、結婚したいまでも、既婚者であること、妻であること、母になるかも知れない女であることを、あまり意識せずに生活している。そのため、「既婚者に対する共感」が発動しない。あらゆる既婚者が、わたしにとっては未知の他者であり、だからこそ、観察対象としておもしろく感じもしたし、いろいろなことを学ばせてもらえもしたのだろう。

異国を旅するようにして、人様の結婚に踏み込んで行ったことで、自身の結婚に何か変化が生ずるかと思っていたが、相変わらず我が家は「磯野と中島」が仲良くルームシェアしている状態である。ちなみに、いま中島（夫）は、イギリスを旅行中だ。結婚するとひとり旅をしなくなる（あるいは、してはいけなくなる）夫婦も多いと聞くが、わたしのような人間と結婚すること自体が「わりと大変な仕事」であるという認識なので、夫には、存分に慰安旅行という名のひとり旅を楽しんで欲しい。これからも、できる限り福利厚生の充実した結婚生活を続けていこうと思う。夫婦であることにあぐらをかいたらおしまいだというのは、本書に出てくるあらゆる夫婦が教えてくれたことだから。

トミヤマユキコ

二〇一九年三月　夫がいない自宅のリビングルームにて

初出一覧

夫婦ってなんだ？……『ちくま』二〇一七年九月号－二〇一九年二月号、筑摩書房
3Bと付き合ってはいけない!?……『ちくま』二〇一六年十一月号－二〇一七年一月号
（1～3、4は書き下ろし）、筑摩書房

著者略歴

トミヤマユキコ

一九七九年、秋田県生まれ。早稲田大学法学部、同大大学院文学研究科を経て、二〇一九年春から東北芸術工科大学芸術学部講師。ライターとして日本の文学、マンガ、フードカルチャー等について書く一方、大学では少女マンガ研究を中心としたサブカルチャー関連講義を担当。著書に『40歳までにオシャレになりたい！』（扶桑社）、『大学1年生の歩き方』（清田隆之との共著、左右社）、『パンケーキ・ノート』（リトルモア）がある。

夫婦《ふうふ》ってなんだ？

二〇一九年三月二五日　初版第一刷発行

著者　トミヤマユキコ

発行者　喜入冬子

発行所　株式会社筑摩書房
一一一-八七五五　東京都台東区蔵前二-五-三
電話番号〇三-五六八七-二六〇一（代表）

印刷・製本　三松堂印刷株式会社

 ISBN978-4-480-81546-0
C0095